イスラーム・ジェンダー・スタディーズ

長沢栄治 監修
鷹木恵子 編著

2 *Transborder Social Movements*

越境する社会運動

明石書店

「イスラーム・ジェンダー・スタディーズ」シリーズ刊行にあたって

――2『越境する社会運動』

本シリーズは、「イスラーム・ジェンダー学」の研究成果を具体的な内容で分かりやく読者に示すことを目的にしています。

この第2巻のタイトルは『越境する社会運動』です。本巻は、イスラーム・ジェンダー学科研の「開発とトランスナショナルな社会運動」研究会の成果を示すものです。次の「はじめに」において、同研究会の代表である本巻の編者が詳しく論じていることからも分かりますように、社会運動には本来、越境する、境界を乗り越えていくという本質的な特徴があります。その場合の乗り越える「境界」とは、運動のグローバル化が示すような国境、つまり国家の境界にとどまりません。社会運動は、民族や階級、あるいはジェンダーの境界を越えていこうともします。また、運動それ自体も明確な目標としっかりした組織を持ったものから、自由な経済活動のネットワークの広がりを示すものまで、その形状も様々です。そもそもイスラームの興隆と拡大そのものが社会運動という性格を持つものでありましたし、またフェミニズム、あるいはジェンダー研究それ自体も運動として展開してきました。イスラーム・ジェンダー学も同様でありたいと思います。本研究が様々な境界を越え、多くの人にとっての出会いの機会を提供することができればと願っています。

しかし、こうした社会運動が境界を越えるのではなく、権力の道具となり、あるいは自らが権威化して、抑圧の壁を作ってきた歴史もあります。勤労者・生活者の運動である労働運動が平和運動と連帯していた時代もあれば、労組の一部が原発廃絶運動に立ちはだかるといった現状もあるわけです。欧米の白人女性による「上から目線」のフェミニズムに対し、第三世界の女性たちから抗議の声が上がったこともありました。しかし、社会運動の本質は、本来、連帯を求めて境界を乗り越えていく志向を持つことにあります。本巻は、こうした社会運動の越境する性格を「イスラーム・ジェンダー学」の視角から明らかにするものであります。

「イスラーム・ジェンダー学」科研・研究代表者
長沢栄治（東京外国語大学アジア・アフリカ言語文化研究所フェロー／東京大学名誉教授）

※本シリーズの各巻は、日本学術振興会科学研究費補助金・基盤研究（A）課題番号16H01899「イスラーム・ジェンダー学の構築のための基礎的総合的研究」の成果の一部です。同科研については、「イスラーム・ジェンダー学」プロジェクトのウェブサイト http://www.ioc.u-tokyo.ac.jp/~nagasawa/about/aboutus.html を参照してください。

はじめに

鷹木恵子

グローバル時代の今日、社会運動はますますさまざまな境界を越えて、時に世界をも変革する大きな力を持つようになっている。代表的な例としては、2017年7月の国連の核兵器禁止条約の採択（122か国・地域が採択、日本は不採択）に大きく貢献し、その年のノーベル平和賞を受賞することになったICAN（核兵器廃絶国際キャンペーン）や、またジェンダー問題との関わりでは #Me Too 運動などを挙げることができるだろう。

前者は、核兵器の禁止・廃絶を目指して活動するNGOの連合体の運動で、2017年10月時点で101か国から468の団体が参加していた。後者は、米国ハリウッドで大物映画プロデューサーによるセクシュアルハラスメントや性的暴行被害を女優らが告発したことをきっかけに、世界的なセクシュアルハラスメント告発運動へと広がった動きである。それは1年間で85か国に、その間のツイッターは1日平均5万5319回に及び、その3分の1が英語以外の言語であったとされている。そして、これまで性的被害の告発には消極的で保守的であるとされてきたイスラーム圏においても、パレスチナではアラビア語で #Anā Kamān として、またサウジアラビアでは宗教施設におけるセクシュアルハラスメント行為を告発する #Mosque Me Too という動きとして、広がることとなった。さらに日本では、それは独自の新たな展開も見せた。まず、職場での女性へのハイヒールやパンプス着用義務化に反対する#KuToo運動や、また2019年に入り、実父による娘への継続的性虐待を含め、4件もの性犯罪が無罪判決となったことを機に生まれた、性暴力被害者に寄り添う#Me Too, #With You のフラワーデモ（同年12月には全国27都市で開催）など、一般市民の良心に訴え、社会に変革を迫る力強い動きが広がりつつある。

本書は、イスラーム・ジェンダー・スタディーズの第2巻として、このような「越境する社会運動」に焦点をあて、具体的事例とともに考察していくものである。

社会運動とは、「社会問題を解決するために組織された集団的行動」（『広辞苑』第六版）、「社会問題の解決や、社会制度そのものの改良・変革を目的として行われる運動」（『大辞泉』第二版）という、ごく一般的な定義に従うならば、そもそもイスラームという宗教の興り自体もひとつの新しい社会運動であったと言えるだろう。また歴史的にはある地域における農民一揆など、抑圧された人々による抗議や抵抗の動きなど、あまたの社会運動がみられたことになるだろう。しかしながら、それらと今日の多くの社会運動との大きな違いの一つは、先に挙げた諸事例にもみられるように、情報通信技術の発達などに伴う運動の空間的広がりとその時間的速度にあるだろう。

ジェンダーに関連する運動については、歴史的にはフランス革命などの市民革命後、18世紀末頃から、人権概念の登場によって、同じ人間としての女性への差別や蔑視に反対することから始まった。そして女性の権利や男女平等を主張する動きへと次第に変化していき、その思想はやがてウーマニズムからフェミニズムとして知られていくようになった。

フェミニズム運動は、19～20世紀前半を通じて、主に女性参政権や女性の権利向上を求めた第一波に続いて、20世紀半ばからはそうした動きを引き継ぎつつも、多様な思想（自由主義、マルクス主義、環境保護主義など）を反映した第二波のフェミニズムとして展開してきた。

そしてこれらの運動はまた、数々の全国的・国際的な集会や会議を通じて、女性団体や活動家たちが連帯・連携することで広がりをもつようになった。１８４８年に米国ニューヨーク州のセネカ・フォールズで開催された最初の女性の権利会議についてはよく知られているが、その後も、１８７８年のパリ万国博覧会に合わせた第１回国際女性会議や１９０４年のベルリン開催の国際婦人参政権同盟（現在の国際女性同盟）の大会など、数多くの国際会議や集会が継続的に開催されてきた。

近年には国連主催による世界女性会議を通じて、国や地域を超えた運動のさらなるネットワーク化が図られるようにもなってきている。「国際女性年」とされた１９７５年のメキシコシティでの第１回世界女性会議に続き、１９８０年の第２回のコペンハーゲン、１９８５年の第３回のナイロビ、１９９０年第４回の北京、そして２０００年には国連特別総会「女性２０００年会議」が、ニューヨークにおいて開催された。第１回と第２回の世界女性会議では、世界各国から集まった女性たちのあいだで問題を共有するというよりも、男女同権や女性の権利を主張する「北」のフェミニストたちと、貧困削減や清潔な飲料水や女性の働き口といった基本的ニーズの充足を求める「南」のフェミニストたちのあいだで、関心の違いや隔たりが浮き彫りになる場面もあったとされるが、回を重ねるうちに共通の問題や課題の共有化が図られていくようになった。

実際にこうした国際会議が女性運動をトランスナショナルな運動へと発展させていく契機になっていることは、例えば、１９７５年のメキシコシティの世界女性会議に参加し、フォーラムを開催したＮＧＯの数は１１４団体であったのに対し、20年後の１９９５年の北京会議の折には３０００ものＮＧＯがフォーラムを開催したという事実からもうかがえるだろう。現在では、１万を超える団体が参加する国際会議も珍しくないとされている（Basu 2000）。

本書では、社会運動のこのような越境していく様相に着目し考察していくが、それは、グローバル時代といわれる現代、インド出身の文化人類学者、A・アパデュライがその特徴を複雑化し流動化する空間編成から極めて鮮やかに、「エスノスケープ（民族の地景）」、「メディアスケープ（メディアの地景）」、「テクノスケープ（技術の地景）」、「ファイナンススケープ（資本の地景）」、「イデオスケープ（観念の地景）」という用語で捉えたように（アパデュライ 2004）、今日、社会運動もまたさまざまな境界を越えて広がり、他方ではまた新たな境界をも生み出して変化を引き起こすなど、実に複雑化し流動化してきているからである。運動が越えていく境界は、単に国家や政治体制ばかりではない。それには経済圏、地域、共同体、民族、言語、宗教・宗派、性別、性的指向、イデオロギーなども含まれるだろう。

では、そもそも人々は何を問題として捉え、何を求めて社会運動を開始し、その運動がさらに境界をも越えて広がるのはなぜなのか。それはどのようにして可能となり、またどの程度、影響や変化をもたらし得ているのか、あるいはいないのか。

このように境界をどんどん越えて展開し変容もし、また衰退もしていく社会運動を、イスラーム・ジェンダー・スタディーズという新しい学問領域において捉えなおすという試みは、一つの挑戦としては興味深く、それなりの意義を持つのではないかと考えている。

なぜなら、それは①ムスリムが主体となっている社会運動をジェンダーとの関わりから考察することで、彼女や彼ら自身の問題意識や社会変革への希求が何であるのかを明らかにすることができるからである。また②本書の章やコラムの内容は、時にステレオタイプ化されて捉えられている「イスラーム」や「ムスリムの男女」のイメージを大きく裏切って、それらが実際には多様で動態的でかつそのカテゴリーの中においても対立や衝突や矛盾があることなどを示すことになると思われるからである。すなわち、一口に「イスラーム」と言っても、その実態は歴史的時代や国や地域によって大きく異なり、ジェンダーについてもそれは同様で、女性や男性の在り方や男女の関係性も一様にはとても捉えられないことを明らかにしていくことになるだろう。そのため、あるムスリム多数派国における女性の地位の低さをもっぱらイスラームに起因するとして論じることがいかに短絡的であるかなどを理解することにもつながるだろう。さらには、③ムスリムが抱えている社会問題の一部は、彼ら彼女らに特有な問題ではなく、多くの境界を越えて、時にイスラームを信仰していない私たちの問題とも緊密につながっているということに気づくことにもなると思われるからである。

本書は、以下、2部構成となっている。第Ⅰ部は「近代化とイスラーム諸国におけるフェミニズム運動」と題し、まず、イスラーム・ジェンダーに関する越境する社会運動の諸事例を提示する前に、その歴史的背景として、イスラームのジェンダー史やまた中東・北アフリカの主要国でのフェミニズム運動について概説し、それぞれの特徴について論じる部である。まずそれによって、イスラーム諸国とはいっても、一括りにできない各国の事情や歴史的変遷が明らかになることと思われる。

第Ⅱ部は「越境する社会運動とジェンダー」と題し、越境する社会運動の現状の複雑な様相を、イスラームとジェンダーの視点から、さまざまな国や地域での現地調査に基づいて考察し、具体的に論じていく部である。また章として取り上げることはできなかったが、重要かつ興味深いエピソードなどは、コラムとして掲載することにした。

なお、本書の内容の多くは「イスラーム・ジェンダー学」プロジェクト（2016年～2019年度 日本学術振興会科学研究費補助金・基盤研究（A）「イスラーム・ジェンダー学の構築のための基礎的総合的研究」研究代表者：長沢栄治）の公募研究会「開発とトランスナショナルな社会運動」での研究報告やそこでの議論をもとにしたものである。このような研究の機会を与えて頂いた科研研究代表者の長沢栄治先生や科研事務局の皆さま、そして研究会メンバーの皆さまには心から御礼を申し上げる次第である。

また本書ではできるだけ現地調査に基づくオリジナルな原稿執筆を目指したため、本来であれば、「イスラーム国」や「ボコハラム」などのイスラーム過激派集団におけるジェンダー問題なども取り上げるべきであったかと思われるが、今回はこうした対象までは含めることができなかった。そうした問題は、今後のさらなる課題としておきたい。なお、本書の編集過程では、大川真由子さん（神奈川大学）や本シリーズ第1巻の編者の小野仁美さん（東京大学）にいろいろとご協力ご助言を頂いたことに感謝したい。

ムスリムのコミュニティや集団、国家や地域で起きているジェンダーに関わる社会問題、それを解決・改善しようとする運動は、時に日本で暮らす私たち自身の問題とも関わるものであるということに気づかされる時、それではいかにしてその共通の地球規模での課題について理解を深め、私たちもともに対処や改善に向けて活動していくことができるだろうか。

本書は、そうした問いについても、具体的事例を通してともに考えていく一つの契機になればと願って編まれたものである。

◉ジェンダー開発指数と自由度の評価数値

本書において、さまざまな国や地域で発生し多様な境界を越えて広がる社会運動を、イスラームとジェンダーとの関わりで取り上げるにあたり、その全体を見渡し得るような参照枠組みを統計数字などに基づき、予め提示し確認しておくことは無意味なことではないかと思われる。そこで、以下では、そうした統計数字をいくつかの図表にして示してみたい。

表1は、『国連開発計画の人間開発指数と指標』の最新版（UNDP 2018）に基づき、地域別と男女別の人間開発指数とジェンダー開発指数および途上国・世界の平均値を示したものである。まず、人間開発指数（HDI）とは、人間開発に関わる三つの側面、保健（平均余命）、教育（識字・就学指数等）、所得（1人当たり調整実質GDP等）の複合統計であり、各国の達成度や比較のために用いられる指標である。「ジェンダー開発指数」とは、その男性の人間開発指数に対する女性の人間開発指数の割合から算出した指数のことである。

表1からは、ムスリム人口が多数を占めるアラブ諸国地域に関しては、女性の人間開発指数が世界の平均値や途上国の平均値を下回っていること、男性の人間開発指数に関しては、途上国の平均値よりも上回ってはいるが、世界の平均値よりは下回っていることがうかがえる。さらにジェンダー開発指数については、世界の平均値と途上国平均値の双方よりも下回っており、南アジア地域のそれよりも高いものの、サハラ以南アフリカよりも低い数値となっていることが分かる。

なお、図1「世界の地域別ジェンダー開発指数と途上国および世界の平均値」は、表1の情報の一部をより分かりやすく表示するために、棒グラフにしたものである。

社会運動に関してはまた、それは多様な問題要因や背景、条件、機会、指導者の有無、思想・イ

表1　地域別・男女別の人間開発指数とジェンダー開発指数および途上国・世界の平均値

地域名	ジェンダー開発指数	人間開発指数（女性）	人間開発指数（男性）
アラブ諸国地域	0.855	0.63	0.736
東アジア・太平洋地域	0.957	0.717	0.75
ヨーロッパと中央アジア	0.956	0.751	0.785
ラテンアメリカとカリブ海地域	0.977	0.748	0.765
南アジア地域	0.837	0.571	0.682
サハラ以南アフリカ地域	0.893	0.506	0.567
途上国の平均値	0.917	0.649	0.708
世界の平均値	0.941	0.705	0.749

出所：『国連開発計画の人間開発指数と指標』（UNDP 2018）に基づき筆者作成

図1　世界の地域別ジェンダー開発指数と途上国および世界の平均値

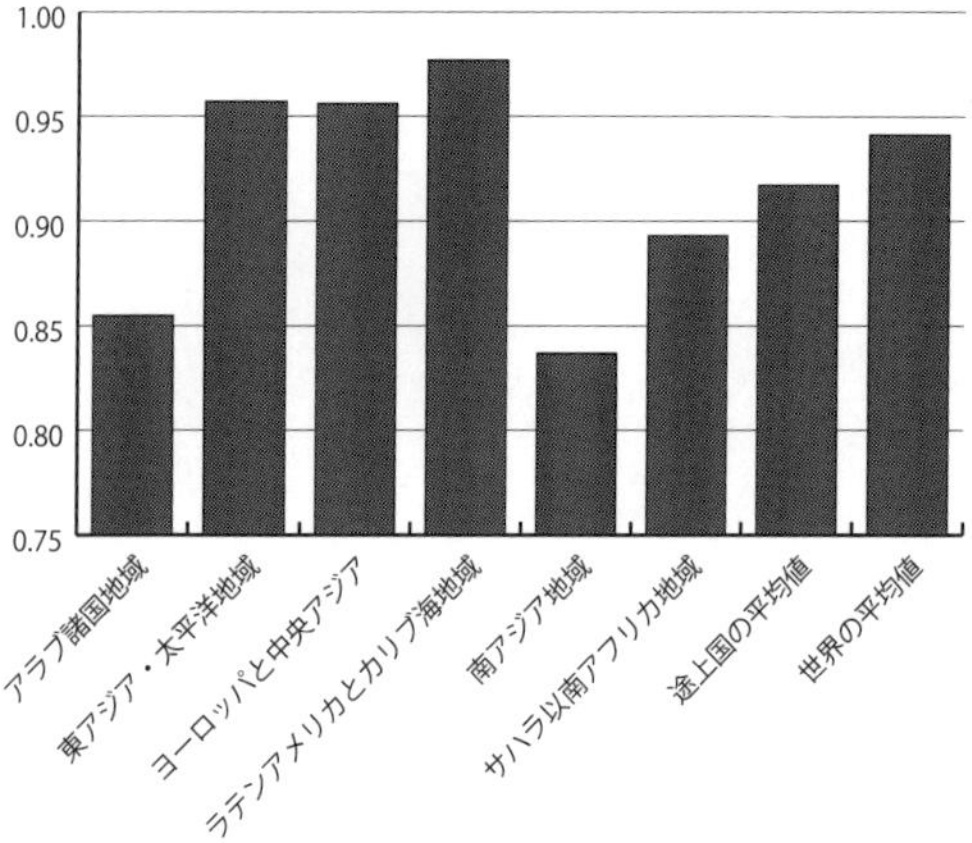

デオロギーなどをよって発生し、拡大や衰退、成功や失敗を伴うだろうが、運動の発生や拡大に関しては、少なからず、その社会や国家における言論や信教の自由、また結社や集会の自由など、自由の度合いが影響してくると考えられる。当然ながら、自由の制約や制限が逆にそれに反発する社会運動や変革をもたらす場合もあるが、さまざまな運動の発生や活発な活動、大きな広がりには自由の有無は無関係であるとはいえないだろう。

図2は、米国のＮＧＯ、Freedom House の *Freedom in the World 2019* と題した、政治的権利や市民の自由に関する年度報告書の統計数値をもとに、「世界と地域別の自由度の人口割合」を示したものである。

Freedom House では、選挙のプロセス、複数政党制の有無と政治参加度、政府の機能、言論・信教の自由、結社の自由、法の支配、個人の権利などを指標とし、各国・各地域の自由度を計測し数値化している。その２０１９年度のデータによれば、図2のとおり、世界の総人口で見ると、39%が「自由」、24%が「部分的自由」、そして37%の人々が「自由無し」の状況下で生活しているとされている。一方、地域別では、ムスリムが人口の多数派を占める中東・北アフリカ地域では、その総人口の４%が「自由」、13%が「部分的自由」、そして83%が「自由無し」の状況下におかれているとされ、このデータに従えば、他の地域との比較でも自由度が大きく制約されている現実が見て取れる。

また表２「ムスリム多数派諸国の自由度総合点」は、同団体による、出版の自由と民法の内容から評価された各国の自由度総合点に基づき、ムスリム多数派諸国のそれを示したものである。この表からは、中東・北アフリカ諸国やその他のムスリム多数派諸国のなかでも、目下、凄惨な内戦下にあるシリアの0点や南スーダンの2点から、２０１１年の民主化革命後、２０１４年に新憲法制定と自由選挙による新体制発足という民主化移

図2　世界と地域別の自由度の人口割合（単位：%）

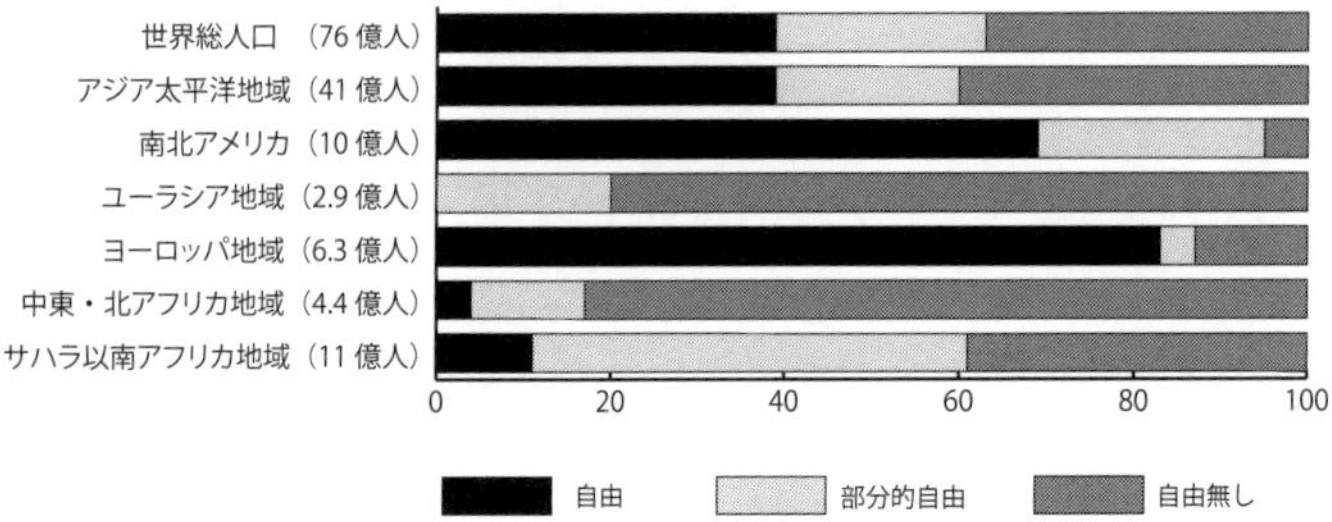

出所：Freedom House, *Freedom in the World 2019* をもとに筆者作成

表2　ムスリム多数派諸国の自由度総合点

国　名	自由度の総合点
アフガニスタン	27
アラブ首長国連邦	17
アルジェリア	34
イエメン	11
イスラエル	78
イラク	32
イラン	18
インドネシア	62
エジプト	22
オマーン	23
ガザ地区	11
カタル	25
クウェート	36
サウジアラビア	7
シリア	0
スーダン	7
セネガル	72
チュニジア	69
トルコ	31
パキスタン	39
バハレーン	12
ブルネイ	29
マレーシア	52
南スーダン	2
モーリタニア	32
モロッコ	32
ヨルダン	37
リビア	9
レバノン	45

表3　自由度総合点の上位国（＊本書で取り上げる国として情報追加）

国　名	自由度の総合点
フィンランド	100
ノルウェー	100
スウェーデン	100
カナダ	99
オランダ	99
オーストラリア	98
ルクセンブルグ	98
ニュージーランド	98
ウルグアイ	98
デンマーク	97
アイルランド	97
ベルギー	96
バルバドス	96
日本	96
ポルトガル	96
スイス	96
サンマリノ	95
チリ	94
ドイツ	94
アンドラ	94
キプロス	94
エストニア	94
ハンガリー	94
アイスランド	94
スロベニア	94
スペイン	94
イギリス＊	93
フランス＊	90
アメリカ合衆国＊	86

表4　自由度総合点の下位国（＊本書で取り上げる国として情報追加）

国　名	自由度の総合点
シリア	0
チベット	1
エリトリア	2
南スーダン	2
トルクメニスタン	2
北朝鮮	3
西サハラ	4
赤道ギニア	6
サウジアラビア	7
ソマリア	7
スーダン	7
クリミア	8
リビア	9
中央アフリカ	9
タジキスタン	9
ウズベキスタン	9
南オセチア	10
アゼルバイジャン	11
ガザ地区	11
中国	11
イエメン	11
バハレーン	12
ブルンジ	14
キューバ	14
ラオス	14
タイ＊	30

行に成功したチュニジアの69点など、地域内格差が極めて大きいことも理解できるだろう。また表3と表4は、それぞれ、自由度総合点の上位国（本書で取り上げる国を追加）と下位国とを参考までに挙げたものである。

ムスリムは、当然ながら、アラブ諸国や中東・北アフリカだけに分布している訳ではない。ムスリム人口が最大である国は、インドネシアであるし、パキスタンとインドがそれに続いており、その人口はむしろアジア地域に多く分布している。

またこのような数値データがある一方で、本書における社会運動の諸事例は、こうしたさまざまな制約や課題があるなかでも、問題解決や目標や信条のために、それに向かって奮闘している人々の姿でもある。そしてそれがいくつもの境界を越えて広がり、伝達され、時には妨害や阻止されたり、あるいは共鳴する他の人々へとつながったり、場合によっては対立や分断・分裂を引き起こしたり、変容したりもし、新しい社会変革へと結びついていることは確かであるだろう。

さらに本書の湾岸諸国の事例が示しているように、ジェンダー開発指数や自由度についてのこうした外部からの評価が極めて低い国家や地域においても、そこで生きる人々はそれとはまた異なる価値の尺度や意味の世界のなかで充分満足して生活していることなどにも留意することが重要だろう。

したがって、上記の図表で示した統計数値データは、あくまでも全体を見渡すための一つの参照枠組みであるという点については重ねて留意が必要であることを指摘しておきたい。

本書で主に対象とした国・地域

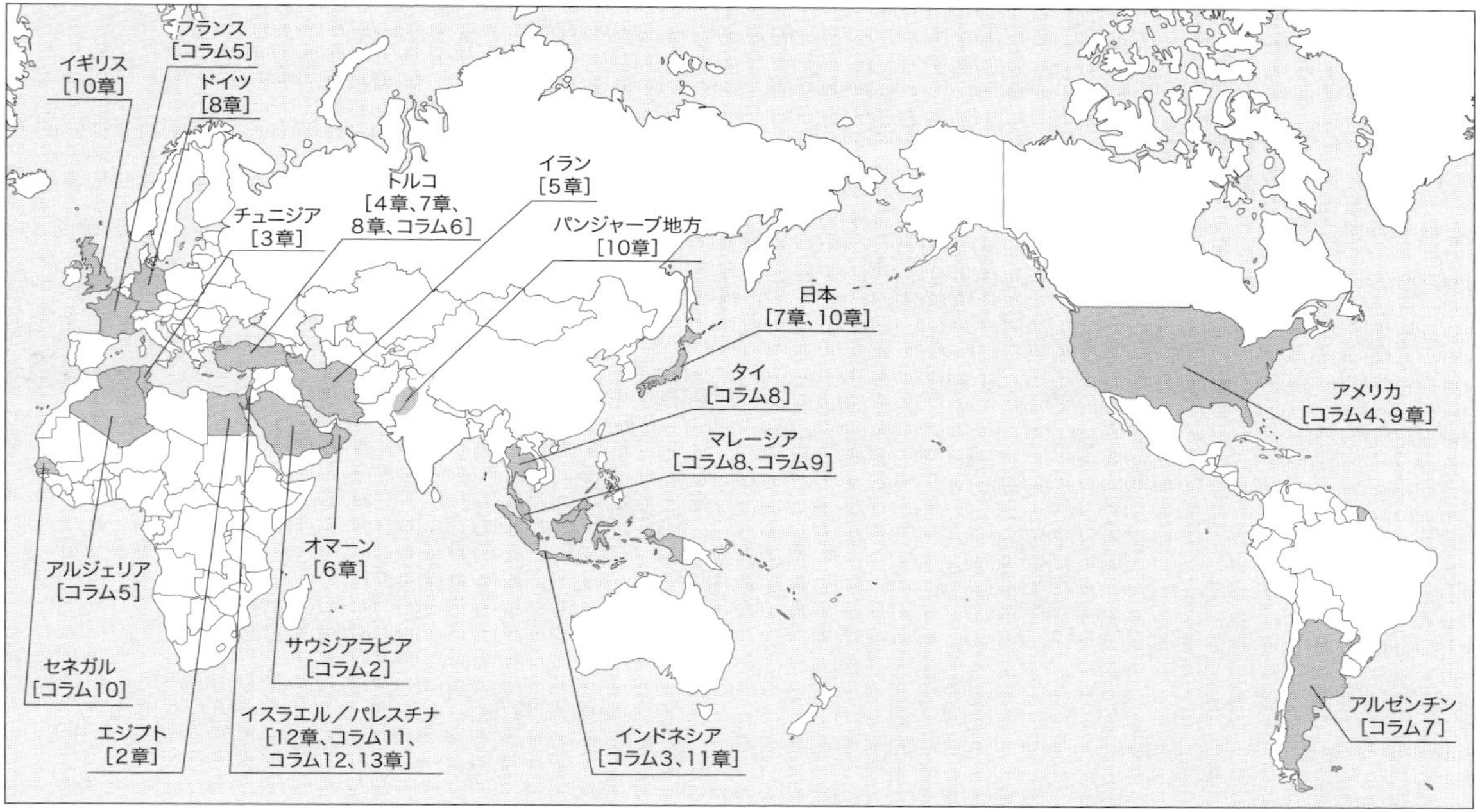

イギリス
[10章]
フランス
[コラム5]
ドイツ
[8章]
チュニジア
[3章]
トルコ
[4章、7章、
8章、コラム6]
イラン
[5章]
パンジャーブ地方
[10章]
日本
[7章、10章]
タイ
[コラム8]
マレーシア
[コラム8、コラム9]
アメリカ
[コラム4、9章]
アルジェリア
[コラム5]
オマーン
[6章]
サウジアラビア
[コラム2]
セネガル
[コラム10]
エジプト
[2章]
イスラエル／パレスチナ
[12章、コラム11、
コラム12、13章]
インドネシア
[コラム3、11章]
アルゼンチン
[コラム7]

イスラーム・ジェンダー・スタディーズ2

越境する社会運動

目次

IG科研

第Ⅱ部　越境する社会運動とジェンダー

※本文中の写真で特に出所の記載のないものについては、原則として執筆者の撮影・提供によるものです。

第Ⅰ部

近代化とイスラーム諸国における
フェミニズム運動

第1章 イスラームの興りと女性をめぐるイスラーム法の展開

小野仁美

はじめに

本章では、西暦7世紀のアラビア半島に興ったイスラームという宗教が、女性たちに何をもたらし、社会にどのような影響を及ぼしているのかを考えるための素材を提供することにしたい。それらの答えは必ずしも明らかになってはいないし、また一様ではないのかもしれない。しかし、現代ムスリム女性による社会運動を論じる際に、その背景としてイスラームの歴史を避けて通ることはできないだろう。

20世紀に成立したムスリム諸国の家族法は、イスラーム法に由来する男性優位の条項について、世俗的なフェミニズムを掲げる女性たちによって見直しが求められた。彼女たちの運動は、各国のナショナリズムとも結びついて、それぞれに多様な展開をみせた。一方で、イスラームの教えの中にこそ進むべき道が示されているとして、その現代におけるあり方を模索する女性たちもいる。こちらもまた、多様な展開を続けているが、いずれの立場を取るにせよ、女性の権利とイスラームをめぐる問題は、現代ムスリムにとっての重要な関心事である（Mir-Hosseini 2017）。

そこで、本章の前半では、イスラームが興った頃、預言者ムハンマドが女性たちとどのように接していたのか、それらの伝承が、現代ムスリム女性によってどう評価されているのかを、エジプトの女性学者アーイシャ・アブドッラハマーンの『預言者の妻たち』（1977年）と『預言者の娘たち』（1988年）を参考に紹介する。イスラーム初期の女性たちにまつわる伝承は、後に形成されるイスラーム法の基盤となったという意味でも、また現代ムスリム女性の聖典への関心について考える意味でも重要である。後半では、世界に拡大したムスリム社会において、その行動規範の中心となったイスラーム法が、女性たちをどのように規定したのかを古典法学書を参照して提示する。そのうえで、それが現代の社会でどのように展開しているのかを考察したい。

1 イスラームの興りと女性たち

（1）ムハンマドの母アーミナと乳母ハリーマ

西暦570年頃、アラビア半島のメッカの町で、アーミナという女性が男の子を産んだ。男の子の父アブドッラーはすでに他界していたため、彼女は、男の子の祖父アブドゥルムッタリブにその誕生を知らせた。この子が、ムハンマドである。彼が神に選ばれてその言葉を授かるようになる40年ほど前のことであった。

当時のアラビア社会では、男女の関わりは多様であって、一人の男性が同時に複数の女性のもとに通い、それぞれの子をもうけることもあったし、一人の女性が同時期に複数の男性と交わりをもち、生まれた子の父親を占い師に確定してもらうようなこともあったという。いずれの場合でも、子は父系の系図の中に位置づけられることが重要であった。ムハンマドは、亡きアブドッラーの子として、祖父の保護のもとに育てられることになった。ただし、幼少の頃に過ごしたのは、メッカの祖父の家ではなかった。

伝承によれば、当時のアラビア半島では、名家に生まれた赤ん坊は、空気が澄んで健康によく、また正しいアラビア語を身につけるために適している遊牧民の乳母のもとに預けられるのが普通であった。乳母との関係は生涯にわたって大切にされ、一緒にその乳を飲んで育った乳兄弟姉妹も、実の兄弟姉妹のように親密な間柄になることも珍しくなかった。ムハンマドは、遊牧民のハリーマという乳母のもとで、4、5歳まで育てられたという。

その後、実母アーミナのもとで過ごすようになったムハンマドであったが、幸せな日々はそれほど長くは続かなかった。6歳のムハンマドは、メッカから340㎞ほど離れたメディナの町に住む父方の叔父を訪ねて、母アーミナと共に旅をしていた。その途中で、最愛の母を亡くすことになったのである。母の墓にうつ伏した辛い思い出を、ムハンマドしばしば蘇らせることがあったと伝えられている。間もなく祖父もこの世を去り、ムハンマドは、叔父のアブー・ターリブのもとで、彼の息子や娘らとともに育てられることになった。名門クライシュ族の系譜に連なる身とはいえ、彼らの暮らしはそれほど豊かではなく、ムハンマドは25歳になっても、妻を迎えるほどの財力を持てずにいた。

(2) ムハンマドの妻ハディージャと娘たち

メッカの多くの人々と同様に、ムハンマドは商人として暮らしを立てていた。商売を通じた人間関係は、彼の人生に大きな恵みをもたらすことになる。ある時、裕福な未亡人である女商人が、ムハンマドに商品を託して交易の旅を依頼した。後にムハンマドの妻となるハディージャである。無事に商売を終えて帰路についたムハンマドの商才と誠実な人柄に魅かれた彼女は40歳を超えていたとも言われるが、当時25歳だったムハンマドに求婚を申し出て、二人は結ばれた。ムハンマドはハディージャによって、3人（2人という伝承も）の息子と4人の娘を授かった。息子たちはみな夭折してしまったが、ザイドという男の子を養子（後に神の啓示によって養子縁組は解消されている）に迎えて、ハディージャが65歳で亡くなるまでは、彼女がただ一人の愛妻であったという。

ムハンマドが神から最初の啓示を受けたのは、幸せな結婚生活が15年ほど続いた頃のことだったとされる。洞窟で瞑想中に突然受けた天使ジブリールの来訪が、神の言葉を告げるためのものだったことをまだ理解できずに恐れおののくムハンマドを、優しく受け止めて、最初のムスリム（イスラーム教徒）となったのは、ハディージャであった。その後も彼女は、メッカの有力者たちの激しい迫害に耐える夫を献身的に支え続け、4人の娘たちを育て上げた。

当時のアラブ社会では、男児を尊重する傾向があり、ともすれば女児の誕生が疎まれたとも言われるが、ムハンマドは、末娘のファーティマをとりわけ可愛がったと伝えられている。まだ幼い頃に父が神の啓示を受けて預言者となると、ファーティマはこれを誇りとして、迫害の続く厳しい生活を共にした。信徒たちと共にメディナの町に移住したファーティマは、亡くなった母のハディージャに代わって、預言者である父ムハンマドのために懸命に尽くした。その献身と信仰の篤さから、「彼女の父の母（ウンム・アビー・ハー）」という尊称で呼ばれるようになったという。

神の啓示を記したクルアーンには、女性を尊重する章句がいくつもあることが知られている。イスラームが誕生したことにより、それ以前（ジャーヒリーヤ時代）の社会における女性の地位の低さを改善したとも言われている。たとえば、クルアーンのいくつかの言葉は、女児の誕生を悲しんで生きたまま埋めてしまう者を戒めているが、ムハンマドはそうした悪習とは無縁だった。

ムハンマドの娘ファーティマは、イスラームの歴史において、さらに重要な位置を占めるようになる。彼女にとって父の従兄であり、同じ家で兄妹のように育った間柄でもあるアリー・イブン・アビー・ターリブと結婚し、二人の息子ハサンとフサインをもうけたのである。男児をのこすことのなかったムハンマドにとって、二人の孫は、その系譜を後世に繋いでくれるかけがえのない存在となった。彼らの誕生を喜び、しばしば彼らを訪ね、長じては礼拝に伴った様子などが伝えられている。

（3）妻たちのひとりアーイシャと預言者ムハンマドの伝承

妻のハディージャを亡くした後、ムハンマドは11人の女性たちと結婚したとされている。同時に複数の妻をもっていたことになるが、それぞれの結婚は、個人的な都合や好みというよりも、イスラーム共同体（ウンマ）を作り上げていくための戦略的な結婚であったようだ。妻たちは、側近の娘であったり、あるいは敵方の娘であったりしたし、ほとんどが戦闘などで夫を亡くした女性たちであった。

その中で、ムハンマドが最愛の妻であると公言して憚らなかったのが、親友アブー・バクル（後の第一代正統カリフ）の娘アーイシャである。彼女は6歳の時に、すでに預言者であったムハンマドと婚約し、9歳で嫁いだ。つぎつぎにやってくる新しい妻たちに嫉妬して夫を困らせたりすることもあったという。しかし、ムハンマドはアーイシャの聡明なところをこよなく愛し、病に倒れると自ら希望して彼女の部屋で過ごし、最期のときを彼女の膝の上で迎えたと伝えられている。

ムハンマドの日常生活については、妻たちや娘たちをめぐるエピソードも含めて、驚くほど詳細な内容が信者たちに共有されている。その重要な資料となっているのが、預言者ムハンマドの伝承（ハディース）である。ハディースは、ムハンマドに接する機会のあった教友と呼ばれる人々が、イスラーム教徒が規範とすべきムハンマドの言行（スンナ）として、周囲のムスリム、あるいは布教先の人々に語ったものであるとされている。

そうしたハディースは、後にイスラームの規範がイスラーム法として整えられていく中で、聖典クルアーンに並ぶ重要な典拠となる。ハディースに登場するイスラーム初期の女性たちは、さまざまな日常の悩みをムハンマドに相談し、アドバイスをもらったりしていた。ハディースの伝承者として知られる教友には、「信徒たちの母」と呼ばれたムハンマドの妻たちも含まれる。とくにアーイシャは、数多くの重要なハディースを伝えた人物として尊重されている。

クルアーンとハディースの内容は、イスラーム法の源泉となって、人々の生活の規範を導いていくことになる。では、イスラーム法とは具体的にどのようなもので、そこでの女性はどのように規定されているのだろうか。次節で詳しくみていくことにしよう。

2　イスラーム法と女性の権利義務

（1）イスラーム法とは何か——規範と実践

イスラーム法は、アラビア語のシャリーアという言葉の訳語として使われることが多い。ところがシャリーアは、聖典クルアーンのように1冊の書物として確定されてはいないし、ハディースのように真偽を厳密に判定されていくつかの集成としてまとめられてもいない。シャリーアは、神が人間に示した正しい道であり、それは神からの啓示であるクルアーンとスンナに示されているとされ、イスラーム法学者たちによって議論され、探究される対象であった。

中世のイスラーム法学者たちが、神の示したシャリーアを、人間の具体的な行為規範として定めていったもの、本稿ではこれをイスラーム法と呼ぶ。イスラーム法は、師である法学者から弟子たちに継承され、あるいは地域の事情によって修正され、発展しながらいくつかの法学派にまとまって、西暦10世紀ぐらいまでに、それぞれの学説がほぼ固定したとされている。イスラーム教徒のおよそ9割を占めるスンナ派では四つの法学派が、残り1割のシーア派でもいくつかの法学派が、権威ある学説を後世に伝えた。

各法学派の学説は、学者たちによって法学書として記録され、裁判規範として使用されるようにもなった。そうしたイスラーム法学書に記された事項すべてが、そのままの形で人々を律する法として実践されていたという証拠はないし、各地域には、慣習法や統治者の定める法などが、イスラーム法と併存していたことが知られている。しかしながら、ある程度の確立をみたイスラーム法そのものは、19世紀末に西洋近代法がムスリム地域に流入するようになるまで保たれ、時代や地域などの社会的背景による大きな変容を被ることなく、数多くの法学書を通じて伝えられた（小野 2019a）。

（2）女性の権利——平等なものと不平等なもの

イスラーム法学書は普通、正常な成人自由人男性を基準に書かれた。必ずしも男女に異なる法規定が定められたわけではないが、男性に比べて女性の権利が限定的なものもある。しかし、心神喪失者や、未成年者や、奴隷や、女性が法の枠組みから排除されたのではなく、それぞれについて異なる権利や義務の詳細が記されたのである。

歴史学者の林佳世子は、その著書『オスマン帝国500年の平和』の中で、前近代の社会において女性がどのような位置にいたのかを知ることは非常に難しいとしたうえで、女性に与えられた法的な権利と、彼女たちが法の運用の中でどう行動していたかは、比較的詳しくわかっている分野だとして以下のように述べている。

イスラム法には、女性の行動規範とその義務・権利について詳細な規定があり、一定の制限内で女性に明確な権利を保障している。男性に比べて明らかに制限されていることから、ここから女性の弱い立場をみてとることもできるし、「明確な権利」を根拠に、彼女らが享受していた法的な保護（そしてその実態）を主張することもできる。（林 2008: 244-245）

では、イスラーム法は女性にどのような制限を設け、どのような点において明確な権利を与えているのだろうか。古典法学書には、たとえば以下のような法規定がある。

刑法においては、姦通罪のように、男女を問わず同じ刑罰が定められているものもある。しかし、殺人傷害の被害者（あるいは遺族）に加害者側から支払われる血の代償金は、女性が被害者の場合には男性の半分である。女性は稼ぎ手として想定されていないため、補償額も男性と同等ではないのだと説明される。

そのほか、男性のみに権利や資格を与える規定も少なくない。たとえば、男性なら一人の証言でよいところ、女性であれば二人の証言が必要な事項があるし、証人は男性のみが有効であって女性は認められない事項もある。また、裁判官には男性しか就任できないし、カリフ（イスラーム共同体の指導者）になるための諸条件にも、男性であることが含まれる。

夫婦間の権利義務においては、男女間に不均衡な規定が多くある。一夫多妻が認められていたり、夫からの一方的な離婚宣言が可能であったりと、夫には強い権利が付与されているのである。しかし妻の側からすれば、婚姻契約にあたって夫から婚資と扶養を受ける権利をもつし、離婚においては婚資の後払い分を慰謝料のような形で受け取ることもできるため、イスラーム法は女性を差別しているのではなく、保護しているのだと説明されることもある（小野 2019b）。

一方で、財産権に関しては男女の違いはなく、女性たちがさまざまな機会に法廷を利用して自身の権利を確保していたことが、法廷文書を史料とした近年の研究によって次々と明らかにされている。前述の林も、17世紀のイスタンブルの例を紹介している。たとえ夫婦であっても、夫の財産と妻の財産は完全に区別されたから、女性たちは婚資や相続などで得た財産を、自身の判断によって運用できたのである。

（3）イスラーム法と制定法

女性たちの実際の生活に、イスラーム法がどのような影響を与えていたのかは、全体としてはまだ明らかとなっていないところも多い。法廷文書などの史料が残る分野は限られているし、あらゆるムスリムが法廷にアクセスできたかどうかは疑問である。たしかに古典法学書には、儀礼行為の細かい手順から、婚姻や商取引、刑法、裁判規範などの詳細が定められている。しかしながら、前近代においては、それらのすべてが実践されていたかどうかは明らかになっていない。むしろ、より多くのムスリムがイスラーム法を意識するようになるのは、近代以降の、西洋近代法が流入して以降なのではないだろうか。

19世紀末以降、オスマン帝国の支配下にあったトルコやエジプト、シリアなどの諸地域では、西洋の圧力と国力増強を目指す国政改革の流れの中で、西洋法に範をとった近代法制定の時代が始まった。結婚や離婚などの家族法については、それまで通りイスラーム法にもとづく法廷が存続する地域も多かったが、20世紀に入り、各国が国民国家として成立すると、近代的な家族法法典がそれぞれ制定されるようになる。

家族法法典は、イスラーム法の規定をもとにして作成されたが、たとえばオスマン帝国の影響が残る国では、公式学派であったハナフィー派だけでなく、他の学派の学説を選択（タハイユル）したり、異なる学派の学説を接合（タルフィーク）したりして、それまで法典化されることのなかったイスラーム法とは性質の違う法が実施されるようになった（大河原・堀井 2014）。古典的な体系が解体され、バラバラになってしまったイスラーム法であったが、男女不平等の法規定はムスリム社会の改革を促すための格好の材料となり、非ムスリムからも、ムスリム内部からも、再検討の対象として注目を集めるようになる。

イスラーム法は、神の言葉であるクルアーンと預言者ムハンマドの伝承であるハディースから導かれる。中世の時代に形成されたイスラーム法は、中世の法学者によって理解されたものにすぎない。社会環境の大きく変化した現代においては、イスラーム法もまた新しい解釈にもとづくべきなのではないか、というような意見がもたれるようになったのである。とりわけ一夫多妻や相続などの女性の権利をめぐる問題については、欧米からの批判への同調や反発あるいはそれらの調和といった多様な立場から、具体的な主張が展開されるようになっている。

一人の男性が一度に4人までの妻を娶ることができるというイスラーム法規定は、クルアーンの言葉「あなたがたが気に入った女を2人、3人または4人娶れ」（4章3節）にもとづいて、現在でもムスリム諸国の多くの家族法に継承されている。ところがチュニジアのように、クルアーンのこの言葉に続く「だが公平にしてやれそうにもないならば、ただ一人だけに」を併せて理解すれば、これは一夫一婦制を命じたものであるとして、一夫多妻を禁じる法典をもつ国もある（小野 2010）。

さらにチュニジアでは、男女間で不平等な相続法をめぐって、これを改正すべきであるという立場と、保全すべきであるという立場での議論が始まっている（鷹木 2017）。クルアーンは、相続について「男児には女児の2倍」（4章11節）としており、同じ親等であれば女性は男性の2分の1しか相続できないという相続規定が、現代各国の家族法で踏襲されている。イスラーム法の相続規定を擁護する立場の人々は、それがクルアーンに直接由来するからという理由のほかに、男性は女性を養う必要があるのだから、相続においても女性より多くの配分を受けるのは当然であると主張する。これに対して、現代においては女性も男性と同じように働いて稼ぎを得ているのだから、相続も平等にすべきであるという反論がなされる。しかもこうした主張は、世俗的な立場の人々からだけでなく、イスラーム的な価値観を尊重する女性たちからも出されるようになっている。彼女たちによれば、男性を有利に扱うイスラーム法の相続規定には、神の啓示だけではなく、中世の慣習法にもとづく部分があるという。クルアーンとハディースを丁寧に読み直してみれば、神は男女の平等を説いているのであって、相続法を改正することは神の教えに反しないと主張するのである（Yūsuf 2018: 18）。

おわりに

預言者ムハンマドの没後、ムスリムは世界に広く分布するようになった。民族や言語の垣根を超え、その影響力を拡大したイスラーム法は、神の啓示をもとにしつつも、各地域・各時代の価値観を包摂する形で発展していった。現存する最古の法学書の時代からは、すでに1200年ほどの時が流れた。長い歴史の中で、イスラーム法の規範がどの程度実践され、女性たちがそれをどのように受け止めていたのか、まだ明らかになっていないことも多い。しかしはっきりとわかるのは、現代のムスリム女性たちが、イスラーム法に関わる問題に向き合い、これを検討し、自らの意見を発信し始めているということである。

男女ともに識字率が飛躍的に向上した現代において、女性たちは自ら情報を集めて、自身の進む道を選ぼうとしている。女性たちの中には、現代の問題を解決するために、クルアーンやハディースの言葉を精査し、そこに新しい解釈を見出そうとする者もいる。イスラーム法は、もはや法学者という専門家にのみ独占されたものではなくなった。

現代ムスリム女性の権利拡大をめざす取り組みは、国や地域によって、あるいは政治的・経済的立場によってもさまざまである。西洋由来の人権思想を重視する立場からのアプローチ、イスラームの伝統を擁護するアプローチ、あるいは新しい形のイスラームを模索するアプローチなど、女性の権利とイスラームをめぐる動きは多様な形を伴って進展している。

第2章

エジプト女性運動の「長い20世紀」
――連帯までの道のり

後藤絵美

はじめに

本章で注目するのは、「長い20世紀」におけるエジプト女性運動の歴史的展開であり、その中での「連帯」の動きである。女性運動（women's movement, アラビア語では haraka nisā'īya）とは、女性の地位向上や男女同権、女性に対する差別撤廃、女性に対する保護・支援を目指す狭義の「フェミニズム」や「女性解放運動」よりも幅広い意味を含む言葉で、女性が置かれた諸状況の改善を目指すという目的を共通項とする多様な運動の総称である（cf. タトル 1998）。他方、「連帯」の語からは、すぐさま「女性と女性の連帯」が想起されるかもしれないが、20世紀の女性運動史を振り返れば、そこには「女性と男性」「女性と国家」「女性とマイノリティ」など多くの連帯の形があった。その中で、とくに中東、またはアラブ・イスラーム圏においては、これら様々な形の連帯を成し遂げるための有用なツールとして、「イスラーム」が見出され、その教義や言説をうまく利用した女性運動のあり方が強調されてきた。ただし、女性運動とイスラームの関係もまた一つではなく、イスラームの信徒でありながらも、イスラームという宗教に拠らない女性運動、いわゆるリベラルな女性運動や社会主義的女性運動に参加する者もいて、イスラーム的とされる女性運動と正面から衝突することもあれば、互いに距離をとり緩やかな連携をとることもあった。

エジプトは、アフリカ大陸の北東端、地中海地域の東南部に位置し、歴史的なアラブ・イスラーム圏（西アジア世界）の中核を占めてきたが、同時に、地中海を通じてヨーロッパ世界とつながり、相互に影響を与え合ってきた。17世紀以降、オスマン帝国の版図に組み入れられたが、1798年のフランスによるエジプト侵攻の後に、アルバニア系軍人のムハンマド・アリーによって半独立王朝となった。19世紀半ば以降、エジプトは「近代化」「富国強兵」への道をひた走った。その結果、首都カイロにはパリを模した新市街が作られ、早くも1850年代には地中海の玄関口であったアレキサンドリアとカイロの間に鉄道が敷かれ、1869年には地中海と紅海（そしてインド洋）をつなぐスエズ運河が開かれた。しかし、これらの「近代化」事業を急速に進めた結果、1876年に財務破綻、1882年の暴動（ウラービー革命）をきっかけにイギリスの占領下に置かれるようになった。ここから1922年の形式的独立（エジプト王国）を経て、1952年革命による完全な主権の回復までの道のりが始まるのである。この19世紀末から20世紀半ば、そして20世紀半ばに成立した共和国体制が再び強く揺り動かされる21世紀初頭の二つの革命までを、さしあたり「長い20世紀」と呼んでおきたい。

「長い20世紀」の中で、エジプトはアラブ・イスラーム圏における女性運動を先導してきた。近代化の先駆けであったからこそ、そこに新しい価値観や理解、職業にもとづく近代的な動きとしての女性運動が発生したのである。エジプトの人口の多数派がイスラーム教徒である中（9割がイスラーム教徒で、残り1割がコプト・キリスト教徒だと言われる）、西洋的・国際的な人権言説や規範に依拠する「世俗的」「進歩的」

女性運動と、イスラームの語彙や論理による「伝統的」「保守的」女性運動のあいだの分断や対立は少なくなかった。本章では、それらを生み出した歴史的状況を辿るとともに、分断や対立を乗り越えようとする動き、あるいはそれが曖昧なものとなっていく様子に注目してみたい。

1　エジプト女性運動の「長い20世紀」

（1）始まり

歴史学者のマルゴット・バドラン（1936〜）は著書『フェミニスト、イスラーム、国家——近代エジプトの形成とジェンダー』の中で、エジプトでの女性運動の前史として、①近代的な文物や思想の流入（19世紀以降）、②女子教育の始まり（1832年助産婦学校開設、1870年代公立女子学校の設立、1889年女子教員養成学校の設立）、③イスラームの近代的解釈の導入（19世紀以降）、④植民地経験に基づくナショナリズムの高揚（19世紀後半以降）があったと述べている（Badran 1996: 4-13）。

女性の地位向上や女性たちが置かれた状況の改善について、出始めたばかりの定期刊行物や文学作品の中で、女性たちが声を上げ始めたのは1870年代のことであった。例えば、アーイシャ・タイムーリーヤ（1840〜1902）は、当時の富裕層の男性と同様の教育機会を得た稀有な女性であったが、詩人や作家として活躍する中で、女性への教育の必要性や、女性隔離とヴェール、結婚生活や家庭生活による当時の女性たちの窮屈な状況への疑問や不満を言葉にした（Badran 1996: 14-15; Hatem 2011）。

1890年代以降、女性雑誌（「女性による、女性のための、女性に関する」雑誌）が次々と刊行されるが、その先駆けとなったのがヒンド・ナウファルの『若き娘』（1892〜94年）であった。同誌の創刊号には、「〔本誌には〕女性による文章と女性作家の思考がちりばめられている。〔女性たちの〕奪われた権利を守り、〔彼女たちに〕必要な義務について注意を促すことが〔本誌の〕唯一の土台である」と記されていた(al-Ṣadda 2007)。

1899年、『女性の解放』と題する著作が刊行された。著者のカースィム・アミーン(1863〜1908)は、エジプトの支配階層出身の男性で、始まって間もない近代教育制度の中で法律を専門に学び、政府の派遣留学生としてフランスのソルボンヌ大学で4年過ごした後、帰国し、カイロ控訴院判事などとして活躍した人物である。同書の中で、アミーンは、女性の地位向上や女性たちが置かれた状況の改善が国家の発展に不可欠であること、とくに女性に初等教育を受けさせ、女性隔離の習慣を廃止し、女性に不利な婚姻や離婚のあり方の見直しが必要であると主張した。そして、そのためには慣習への盲従や伝統的なイスラーム理解から脱する必要があると論じた(Amīn 1989: 319-416)。同書には少なくとも30の「怒りに満ちた」反論が寄せられたという(Badran 1996: 258, 注78)。それらへの応答としてアミーンは翌年、『新しい女性』(1900年)を出版した。

『新しい女性』の中で、アミーンは、慣習や伝統への批判の語調をさらに強め、人類は祖先への愛着を持ちがちであるが、我々は受け継がれてきた伝統に対しても、それが有害なものであれば抵抗し、新たな未来を築かねばならないこと、イスラーム諸国の後進性は、不適切な形で宗教を理解し、またその教えに準拠しない宗教指導者に従っていることに起因すること、イスラームの法は元来、女性を保護し、彼女たちの自由を保障するものであったことなどを主張した(Amīn 1989: 417-517)。

（2）分断と対立

女性運動の中での女性論者と男性論者の議論の違いについて、バドランは、前者が自身の人生を振り返り、その状況の改善をまず目指すのに対して、後者が「国家の後進性を打破するためには女性の地位向上が必要である」といった、より抽象的な議論から話を始めることにあると述べている（Badran 1996: 16）。

カースィム・アミーンらによって、現状の女性のあり方は宗教（＝神の定め）そのものに基づくものではないという考え方が広まったことで、その後の女性運動はより自由な形で展開していった。同時に、社会階層や家族関係、知識や経験が異なる女性たちが、それぞれの人生や生活を起点に、女性のあり方や女性に何が必要かを問うようになったことで、運動の担い手のあいだでの分断や対立も目につくようになった。

運動に加わった女性たちを単純に類型化することはできないが、その後の展開を見通した上で傾向を見出すとすると、アッザ・カラムの分類が有効である。カラムは、１９９０年代のエジプトでフェミニズム運動に関するフィールドワークを行い、そこに「世俗的フェミニズム（Secular Feminism）」、「イスラーム主義フェミニズム（Islamist Feminism）」、「ムスリム・フェミニズム（Muslim Feminism）」の三つを見出した（Karam 1998）。

世俗的フェミニズムでは、女性のあり方に関する議論が、イスラームやキリスト教（コプト教）の語彙や論理ではなく、国際的な人権言説や規範に基づいて行われた。そして、その基礎となるのは、男女の完全な平等という考え方である（ibid: 13-14）。イスラーム主義フェミニズムでは、男女の完全な平等という考え方は西洋から流入したものであり、イスラームの教えにそぐわないと主張された。それは、女性に余分な重荷を負わせ、不当な状況を生み、その尊厳を傷つけるとされた（ibid: 10）。また、カラムが「ムスリム・フェミニズム」と呼ぶのは、イスラームの語彙や論理を用いつつ、男女の完全な平等は正当化しうると主張する動きであった。カラムはそれを、世俗的フェミニズムとイスラーム主義フェミニズムそれぞれの先鋭化を阻止し、両者を現実に近づけようとする中庸の立場でもあり、また多様な考え方を尊重する傾向にあると述べた（ibid: 11-13）。

この分類を物差しとして20世紀前半の女性運動を眺めると、例えば、エジプト・フェミニスト連合（Union féministe égyptienne/ al-Ittiḥād al-Nisāʾī al-Miṣrī）を率いたフダー・シャアラーウィー（１８７９〜１９４７）は世俗的フェミニストの分類にあてはまる。シャアラーウィーやエジプト・フェミニスト連合のメンバー、彼女たちから影響を受けた人々の努力によって、エジプトでは、国立大学への女子の入学許可（１９２９年）、女性による政党の結成（１９４０年代）、参政権運動と投票権の獲得（１９５６年）、身分関係法の改正（１９２９年、85年、２０００年）という成果が上げられてきた。

１９３０年代にエジプト・フェミニスト連合から離脱し、イスラームの語彙や論理を用いた女性運動組織（ムスリム婦人連合）を設立したザイナブ・ガザーリー（１９１７〜２００５）は、イスラーム主義フェミ

上：フダー・シャアラーウィーの伝記『Casting off the Veil』表紙
下：ザイナブ・ガザーリーのポスター（Women and Memory Forum ウェブサイトより）

マラク・ヒフニー・ナースィフの論集『女性をめぐって』表紙

ニストである。20世紀半ばから後半にかけて、ガザーリーは国家や社会のイスラーム化を求める政治運動を先導し、政権による度重なる逮捕や拷問も経験した一方で、同胞の女性たちに対しては、女性の役割とは家庭の中で夫に尽くし、子供たちを教育することだと説いた（Ibn al-Ḥāshimī 1989: 39; Karam 1998: 208-215）。20世紀後半、とくに１９７０年代以降には、政治的イスラーム主義運動の広がりとともに、イスラーム主義フェミニズムの考え方の影響力も広がっていった。

　ムスリム・フェミニストについては、イスラームの語彙や論理も用いつつ、女性の教育や就労の必要性を説き、一夫多妻婚の廃止を訴えたマラク・ヒフニー・ナースィフ（１８８６〜１９１８）があてはまるであろう。ナースィフは、例えば一夫多妻婚について、預言者の時代にそれが行われていたのは、男性たちの倫理意識が高かったからであり、現在の状況で一夫多妻婚は、ほとんどの場合、女性への抑圧と不正にしかならない、よって制限されるべきであると述べた（Bāḥitha al-Bādiya n.d.: 76-79）。

　王政から共和制へと移行した１９５２年革命後、ナセル政権下のエジプトでは、下層や中流階層の女性も多くが教育や就業の機会を得るようになった。女性の社会進出が進む一方で、国家によるフェミニズム運動やイスラーム主義運動の管理が強化されたことで、女性運動は下火となった。それが再び活性化したのは１９７０年代以降のことである。上の分類のうち、とくに世俗的フェミニズムとイスラーム主義フェミニズムは、それぞれ、高等教育を受けるようになったエジプトの女性たちを魅了していった（Badran 2000）。

2　女性の労働と政治活動

女性のあり方や女性に何が必要かをめぐって「世俗的フェミニズム」と「イスラーム主義フェミニズム」に分類される人々の考え方の違いは大きい。女性の地位向上や女性たちが置かれた状況の改善を求めるという共通項を持ちつつも、両者は分断や対立の中にあり続けるのだろうか。両者のあいだに歩み寄りの可能性はあるのだろうか。最後に、女性の労働と政治活動に関係する二つの議論を通して、この点について考えてみたい。

（1）女性の労働

女性運動において労働は常に重要な主題の一つとなってきた。女性の労働に関しては多くの議論があるが、ここで紹介するのは、「岸辺の娘（Bint al-Shāṭi'）」の筆名で知られるアーイシャ・アブドゥッラハマーン（1913〜98）のものである。アブドゥッラハマーンは、エジプトで最初期に高等教育を享受した女性の一人であり、大学でアラブ文学を教授するかたわら、小説やノンフィクション作品、クルアーン注釈書や預言者の妻の伝記を含む、宗教的な著作を多数執筆した。アブドゥッラハマーンは、その晩年にイタリアで行った講演「イスラームと新しい女性」（1997年）の中で、エジプトの女性運動の歴史を振り返り、また、教育の機会を得て輝かしい社会進出を果たした女性たちの世代に言及しながら、一連の流れの中で置き去りにされてしまったものは何かと問いかけた。

失業統計を見て思うのは、農民や〔砂漠に暮らす〕ベドゥインの女性が働く女性として数えられていないのではないか、ということです。そして、「生産的な女性労働者」の中に、すべてを投げ打ってその責務を果たしている母親たちが含まれていないのではないかと不安になるのです（'Abdul-Rahman 1999: 197-198）。

講演の後半で、アブドゥッラハマーンは、聖典を引きながらイスラームの歴史の中で母親が重要な存在とみなされてきたこと、メッカ巡礼の儀式の一つ（二つの丘の間を7回行き来する行為）が子を思う母の行動を追体験するものであることを指摘し、女性たちの「母としての労働」の意味と価値について注意を喚起したのであった（'Abdul-Rahman 1999: 198-202）。

（2）政治活動

政治活動への参加は女性運動の要の一つであるが、イスラーム主義フェミニズムの中では、それは必ずしも推奨されてこなかった。その最大の理由は、イスラーム主義において、女性は公的領域での活動よりも、私的領域の家族の中での役割を優先させなければならないという考えがあるためであった。これを保持しつつ、その上で女性の政治活動を可能にする理論を提示したのが、ヘバ・ラウーフ・イッザト（1965～）である。

カイロ大学の政治学科に提出した修士論文をもとにした著書『女性と政治活動――イスラーム的見解』（1995年）の中で、ラウーフ・イッザトは、次のように述べた。今日の世俗化した社会では家族や宗教の紐帯が弱まっており、家族の責務とされてきた事柄が消費の対象となり、家族や宗教が果たしてきた社会教育が成しえなくなっている。一方、国家にその補填を期待することもできず、よって家族という単位の中で、改めて宗教的価値観を鍛え育むことが重要になる。すなわち、家族を立て直すことこそが、女性にとっての政治活動である、と（Ra'ūf 'Izzat 1995: 173-75）。「個人的なことは政治的なこと」という第二波フェミニズム運動も用いたスローガンを引きつつ、ラウーフ・イッザトは、私的領域での活動と公的領域での活動という区分を取り去った。そうして女性の活動領域を広げたのであった（Karam 1998: 221-230; Maclarney 2015: 219-253）。

ラウーフ・イッザトの議論について、もう一つ注目すべきは、夫婦の力関係に関する部分である。彼女は、クルアーンの解釈を主な根拠として、男性の方が生まれながらにして敬虔さや行動の正しさにおいてより善い（ṣalāḥ）ため、男性が家族のリーダーとなることが自然であると述べる。これは一見、「家父長制」のようであるが、ラウーフ・イッザトによると、男性には無条件に善（公正）が求められるという点で、イスラームにおける秩序は、従来の家父長制とは異なるのである（Ra'ūf 'Izzat 1995: 201-202）。

アーイシャ・アブドゥッラハマーンとヘバ・ラウーフ・イッザトの主張は、前出の分類にあてはめると、イスラーム主義フェミニズムのものとなる。二人は、ともにカイロ大学で世俗的な高等教育（文学と政治学）を極め、また（20世紀後半のエジプトを含む）世俗化した社会にみられる問題点を十分に理解した上で、世俗的フェミニストの語彙や論理をイスラームの語彙や論理とともに用いながら、それぞれの議論を展開していた。

女性の労働に関するアブドゥッラハマーンの指摘は、「生産的な労働とは何か」という、近年、日本や欧米でも聞かれる問いにつながるものである。また、ラウーフ・イッザトが目を向けたのは、現代的な消費社会における家族や共同体の危機であり、イスラーム主義フェミニズムの課題の一つである、男性の倫理意識という側面であった。

おわりに

２０１１年１月18日、エジプトで、後に「アラブの春」と呼ばれる独裁政権打倒を掲げた大規模な民衆運動が始まる一週間前、アスマー・マフフーズ（１９８５〜）という26歳の女性が、自身のFacebookアカウントに、「１月25日に抗議運動に参加しよう」と呼びかける映像を掲載した。カイロ大学商学部出身で、２００８年以来、若者による政治運動に積極的に関わってきたマフフーズは、カメラを前にエジプト政府がいかに横暴を極め、人々を苦しめ、尊厳を奪っているのかを訴えた後、ただ家で待っているだけでは何も変わらない、一緒にタハリール広場に行き、抗議の意志を示そうと呼びかけた。この映像は同日、YouTubeにアップロードされ、ソーシャルメディアを通じてエジプト国内で拡散し始めた（Fadl 2011; Wall and El Zahed 2011）。

４分半ほどの長さの動画の中で、マフフーズは、次のように述べている。

> この国で、自分が男だと思う人は〔タハリール広場に〕行かなければだめ。女の子が抗議行動に行くなんてとんでもない、怪我をするぞという人は自負心と男気を見せて、１月25日に私と一緒に来て。

Youtubeに投稿された映像より
https://www.youtube.com/watch?v=IgSWdgUVb4Q（2019年7月8日閲覧）

自尊心があるのならば、この国の男であるという誇りがあるのならば、抗議行動に一緒に来て、私を守って。他の女の子たちを守って。(Mahfūz 2011)

強力な独裁政権を前に、顔と名前を明らかにし、抵抗運動への結集を呼びかけるという行為は、大きな危険を伴うものであった(Wall & El Zahed 2011)。そのような勇気ある女性がなぜ自らを「女の子」と呼び、男性に向けて「私を守って」という必要があったのか。

世俗的フェミニズムのものと思われる行動を、イスラーム主義フェミニズムの論理によって正当化するマフフーズの存在の背後に見えるのが、エジプト女性運動の「長い20世紀」である。19世紀末にエジプトの地に女性運動の種がまかれて以来、女性が置かれた諸状況の改善を目指すという人々の想いは根を張り、枝を伸ばし、いくつもの実を結んでいった。それぞれの枝は、当初こそ異なる方向に向かって伸びていったものの、枝葉が茂るにしたがって、互いに重なり合い、それぞれの違いは曖昧になっていったのである。

以上、本章では近現代のエジプトにおける女性運動の展開を取り上げ、とくに、西洋的・国際的な人権言説や規範に依拠する「世俗的」「進歩的」女性運動と、イスラームの語彙や論理による「伝統的」「保守的」女性運動のあいだの交わりの様子を眺めてきた。それらを生み出した歴史的状況や、その間の分断や対立を乗り越えようとする動き、あるいはそれが曖昧なものとなっていく様子は、他地域の女性運動の経験とどのように重なり、あるいは重ならなかったのか。本章がより大きな議論のきっかけとなれば幸いである。

第3章

チュニジアの女性運動
――国家フェミニズムから市民フェミニズムへ

鷹木恵子

はじめに

「アラブの春」の大波が中東・北アフリカのほとんどの国々を覆い尽くしたあと、その民主化運動の起点となったチュニジアでは、紆余曲折を経つつも２０１４年には新憲法が制定され、それに基づく自由選挙によって新体制が発足した。こうして、チュニジアは民主化移行に成功した最初のアラブ国家となった。同じく民主化を目指して独裁政権を崩壊させながらも、その後、混乱や内戦へと陥ってしまった国々があるなかで、それではなぜ、チュニジアは民主化に成功し得たのか。

この問いについては、当然ながら、複数のそして複合的要因が考えられるだろうが、その一つとして挙げられているのが、女性たちの極めて積極的な関与である（Mahfoudh 2014）。

国連開発計画の『アラブ人間開発報告　２００２年度版』は、同機関の『人間開発報告書』のアラブ版としてこの年から刊行されるようになったもので、特にその初版は全てアラブ人の研究者・知識人によって執筆されている。その報告書の冒頭において、アラブ諸国における人間開発にみられる三つの不足という興味深い指摘がなされている（UNDP 2002: 27-29）。その三つの不足とは、①自由の欠如、すなわち人間開発を推進する良い統治の基礎となる人間の自由の不足、②女性のエンパワーメントの不足、すなわち女性の能力を高め、女性を充分にエンパワーすることの不足、そして③知識の不足、知識の習得とその有効活用の欠如、である（UNDP 2002）。

この三つの不足のうち、特に②女性のエンパワーメントとの関連で、チュニジアについて考えてみると、20世紀以降、ナショナリズム運動への女性の関与や、また独立以降の国家による女性の地位向上や権利拡大政策など、この国の女性の地位や能力の高さが、革命後の民主化移行の成功と無関係ではないとする指摘には、確かに傾聴に値するものがあるように考えられる。

この章では、このようなチュニジアという国における女性運動のこれまでと、そしてその現状について述べていくことにしたい。

1　チュニジアの近代化と「国家フェミニズム」

チュニジア独立の父、そして初代大統領（在位：1957〜87）のハビーブ・ブルギバ（1903〜2000）は、この国の女性たちに地位向上と権利拡大をもたらした英雄ともされている。

確かに独立と同年1956年8月13日に制定された『家族法』には、中東諸国ではトルコ共和国（1926年）に次いで、またアラブ諸国では初となる複婚（一夫多妻婚）禁止と、また夫側からの一方的離婚（タラーク離婚）の禁止が明記された。1958年には教育における男女平等の権利、1959年制定の新憲法では20歳以上の男女への選挙権・被選挙権、そして1966年には労働法における公的部門での就労と賃金の男女平等など、当時としては先進的な法的改革が次々に推し進められた。このような矢継ぎ早の上からの女性政策や法改革は、しかしながら、一部の女性研究者からは、女性の主体性や女性の福利厚生そのものを尊重した政策というよりも、独立後間もない小国の近代化や国力増強を目指した、いわゆる国家の論理に基づく女性政策であるとし、それは「国家フェミニズム」と呼ぶべきものとされてきた（Ferchiou 1996; Murphy 2003）。

そしてこうして高らかに掲げられた「国家フェミニズム」の下での「チュニジアの女性はブルギバから自由と権利という贈り物を授かった」という言説や、女性たちのナショナリズム運動への参加やその貢献までもが不可視化されてきたことについては、特に民主化革命以降、その見直しが急速に迫られるようにもなってきている。

チュニジアの女性運動は、中東ではより早くから女性解放の動きがみられたエジプトやトルコでの動きにも影響を受けながら、20世紀に入り、胎動し始めた。1900年には仏保護領下で、チュニスに最初のムスリム女子向けのフランス語での近代的教育機関が開設されている。そしてまず、都市の富裕層のこうした近代教育を受けた女性たちのあいだで、女性問題への意識や関心が芽生えていった。1920年代には左派系の文芸クラブやその仲間の家などで、女性の政治や教育の権利、また強制婚やヴェール着用の是非などについて議論されるようになっていった。1924年にはマヌービーヤ・ワルターニーが文芸クラブで初めて女性の権利について、1929年にはハビーバ・マンシャーリー（1907〜1961）が、公的な場に初めてヴェールなしで登場し、「ムスリム女性の明日——ヴェール着用についての賛否」と題して、講演を行っている。エジプトでは1923年に女性活動家のフダー・シャアラーウィー（1879〜

１９４７）が「エジプト・フェミニスト連合」を創設し、この年のローマでの国際会議に出席後、ヴェール着用をやめていることから、そのような動向がチュニジアにも及んでいたことがうかがわれる。しかし、当時のチュニジアのエリート層の男性は若きブルギバも含め、こうした女性の言動には至って無理解で批判的でもあったとされている。

近代教育を受けたもう一人の女性、タウヒーダ・ベンシャイフ（１９０９～２０１０）は、その後フランス・パリに留学し、１９３６年にチュニジア人女性として初めて医師の免許を取得している。同年に帰国後、チュニジア初の女性雑誌『ライラ』（仏語）の創刊や編集にも携わり、また産婦人科医として国家の保健制度の確立や、さらに１９６３年からは国家プロジェクトとなる家族計画の普及や、避妊や中絶の合法化にも尽力し、女性のエンパワーメントに多大な功績を残した。

チュニジア初の女性雑誌『ライラ』。仏語の社会的文芸雑誌で創刊者はマフムード・ザルーク。1940年まで月刊、その後週刊となり1942年廃刊。タウヒーダも編集や寄稿に携わった

１９３０年代には、二つの女性団体、１９３２年に「ムスリム婦人協会」が、１９３６年に「チュニジア女性ムスリム協会」が創設されている。前者は上流階級の女性たちによる慈善活動を主とする団体で、後者はウラマーの家系出身の活動家ベシーラ・ベンムラード（１９１３～１９９３）が創設した団体で、慈善活動に加え、ナショナリズム運動や女性の自立に向けた社会経済活動にも積極的に関与していった。１９３４年にブルギバがデストゥール党から離脱し、ネオデストゥール党を立ち上げ、さらに１９３８年、仏当局との衝突で多くの死傷者を出した４月９日事件の後、この党の指導者た

ちの投獄や党自体の解体後には、こうした女性の団体がチュニジアのナショナリズム運動を担い継続していくことになった。女性たちは、ハンマーム（公衆浴場）やザーウィヤ（神秘主義教団や聖者廟に付属する集会所）や病院などに集まり、仏支配への抵抗や独立に向けた活動を続行していった。40年代には、「チュニジア女性連合」（1944年）と「チュニジアの若い女性連合」という組織団体も生まれている。そしてこうした独立運動のなかで、仏当局に拘束投獄され、獄死した女性たちも少なからずみられたのである。

独立後の政府の政策で推進されてきた「国家フェミニズム」によって、確かに女性の地位の向上や権利が拡大した面も多くみられた。ブルギバは女性の活動を支援するために全国組織、「チュニジア女性連盟（UNFT）」を、独立と同年1956年に創設している。ブルギバ政権に続いたベンアリー政権下（1987～2011年）においても、このUNFTに加え、1990年には国家研究機関として「女性調査研究資料情報センター（CREDIF）」の開設や、また1993年には国連の下部組織「アラブ女性研修調査センター（CAWTAR）」の本部がチュニスに置かれることともなっている。こうした政府や国際機関が後ろ盾となった組織機関の他に、1989年には政権や政治から距離をおいた、より自律的な女性の研究活動組織団体として「チュニジア開発調査協会（AFTURD）」と「チュニジア民主女性協会（ATFD）」も創設されている。

後者のこの二つの団体は、リベラル派のフェミニスト、すなわちその大多数はイスラームを信仰しているが、イスラーム以外の宗教も個人の信教の自由として尊重し保証するために敢えて政教分離（ライシテ）を主張するムスリム女性たちの組織である。つまり、こうした主張をする団体の創設が政府によって認可された背景には、当時のイスラーム主義勢力の台頭があり、その対抗勢力となる組織団体として、リベラル派フェミニストたちの活動や組織が称揚・利用されたという面がみられたのである。その意味では、こうしたリベラルな組織機関の創設さえも、実際には「国家フェミニズム」という強権的政権による統制下においてのことであった。

2 チュニジア革命後の「市民フェミニズム」の台頭とその二極化

ベンアリー大統領の23年余りに及んだ独裁政権に終止符を打った２０１１年のチュニジア革命は、「リーダーなき革命」とも呼ばれている。実際にその革命にはその始まりから、その後の民主化移行期においても、さまざまな老若男女の市民が参加し活動していたが、なかでも女性たちの活躍には特に目を見張るものがあった。若き女性ブロガーのリーナ・ベンムヘンニー（１９８３～２０２０）は、当局による拘束や逮捕も恐れず、野菜売りの青年の焼身自殺直後から、取材内容をネットで発信し、２０１１年のノーベル平和賞候補のひとりともなった。また独裁政権崩壊直後に創設された女性団体「平等とパリテ協会」の活動は、女性たちの政治参画に大きな可能性をもたらすことになった。

ベンアリー政権崩壊後、新大統領の選挙ではなく、まず国家の基本となる憲法を作り直すことから民主化作業を始めるという理念の下、新憲法制定に向けた制憲議会選挙が実施されることになった。そこで早くもこの女性団体が提唱したパリテ法（男女交互拘束名簿制）が選挙法に採用されたからである。パリテ法とは、比例代表制の選挙での各党の立候補者名簿を必ず男女交互にするという制度で、これはその後のチュニジアでの全ての選挙において採用されることになり、女性の政治参加が実質的に大きく前進することとなった。こうした女性たちによる、女性たち自身のための活動や運動は、それまでの上からの「国家フェミニズム」の論理とは異なる、まさに草の根レベルからの市民主体の「市民フェミニズム」と呼び得るものといえるだろう（鷹木 2016）。

しかし、2011年10月に実施された制憲議会選挙においては、各政党の候補者名簿のトップがほとんど男性で、また1議席のみ獲得という政党も多かったために、実際の選挙結果では女性の当選者は議員全体の3割ほどに留まった。またリベラル派フェミニストたちの期待とは裏腹に、その選挙で第一党となったのはイスラーム主義政党のナフダ党であった。長く独裁政権下で弾圧や投獄、さらには国外での亡命生活を余儀なくされてきたイスラーム主義者への同情もあり、また革命後の新しい国家のビジョンが明確ではないなかで、イスラーム教徒が大半を占めるチュニジアで、イスラームの信仰を政治指針の前面に掲げる政党に多くの国民が信頼と期待を寄せて投票したことはごく自然な成り行きでもあっただろう。

しかしイスラーム主義政党のナフダ党が第一党となり、制憲議会の半数近い議席を確保するなか、新憲法において女性の権利や地位がどのように明記されるようになるのかは、多くの女性たちにとって重要な関心事となっていった。独立以降、これまで享受してきた女性の権利や地位を保持し、それをさらに新憲法でより良いものとしたいと願うリベラル派のフェミニストたちの一方で、この革命を機にイスラームの教義に基づいた国家づくりを推進し、男女の関係性についてもイスラーム法の古典的解釈に則った条項を憲法に盛り込みたいとするイスラーム主義フェミニストや活動家たちとのあいだで、国家を二分する論争と対立が巻き起こることとなったのである。前者は、憲法に男女の完全な平等を明記すべきであると主張し、後者はナフダ党のリーダーのラーシド・ガンヌーシー（1941～）を筆頭に、男女にはそれぞれの役割があり、男女は補完的関係にあるものとし、この議論をめぐって双方がデモや集会を開催して譲らず、対立を深めていった。

すなわち、チュニジア革命後、女性活動家たちの運動は「国家フェミニズム」から「市民フェミニズム」と呼び得るような主体的で自律的な運動へと大きく脱皮していったが、しかしその「市民フェミニズム」はまた、「リベラル派のフェミニズム」と「イスラーム主義フェミニズム」へと二分化し、両極化していくこととなったのである。

3　COLIBEの報告書をめぐって

リベラル派とイスラーム主義勢力の対立が深刻化するなか、四つの市民団体の連合組織「カルテット」が国民対話を促す仲介役を果たし、新憲法制定と新体制発足までのロードマップを策定・誘導し、2014年1月には新憲法の制定、その秋には国民議会選挙と大統領選挙が無事に実施された。そして2014年末、リベラル派のベージー・カーイド・エッセブシー（1926〜2019）が新大統領として就任することとなった。「カルテット」は、平和裏に民主化移行を主導したその功績から、翌2015年にはチュニジアで初となるノーベル平和賞を受賞している。そしてこの「カルテット」の結成を当初提案したのも、チュニジア産業商業手工業連盟（UTICA）の女性会長、ウィデート・ブーシャンマーウィー（1961〜）であった。

エッセブシー大統領は、ブルギバ政権下で長くいくつもの要職を経験した政治家で、女性政策に関しても、ブルギバ同様、積極的な改革を推進していった。8月13日は、チュニジアでは、『家族法』（『個人地位法』とも言う）制定の記念日として、毎年、「女性の日」として祝われる国民の祝日である。2016年のこの「女性の日」は、特に『家族法』制定から60年目に当たったことから、女性団体を中心に34もの市民団体が結集し、新憲法「男女の国民の平等」（21条）に基づき、相続の男女平等や女性の配偶者選択の自

報告書提出時のエッセブシー大統領（中央）とCOLIBEメンバーの記念写真［出所：www.nachoua.com/Tunisie/femme.htm］

由に向けた法的改正の要求運動を展開していた（鷹木2017）。そして2017年の「女性の日」には、このような市民運動の高まりも受け、エッセブシー大統領は革命最大の成果とされる『2014年共和国憲法』に基づき、そこに明記されている個人の権利や自由、男女平等の理念を尊重し、それを基準にして現行法の全てを見直すタスクフォース「個人の自由と平等委員会」（以下、COLIBEと記す）を発足させることを発表した。

COLIBE委員会は女性弁護士で人権活動家のブシュラ・ベルハッジ・ハミーダ（生年不詳〜）を委員長とし、その後、ほぼ1年をかけて、憲法の理念に基づき、国際条約や諸外国の法律も参照しつつ、現行法の改革について検討を行った。そしてその現行法改正案はCOLIBE報告書としてまとめられ、翌2018年6月、大統領に提出され、その後、インターネット上でも一般に公開された（COLIBE 2018）。

そしてこの報告書が一般公開されるや否や、その法改正案をめぐって、再び、国民を二分する賛否両論の大論争が巻き起こることになったのである。その報告書には、新憲法に謳われた個人の権利や自由、男女平等の理念を踏まえ、相続における男女平等、女性の配偶者選択の自由、婚資（マフル）の廃止、同性愛者への刑罰廃止、死刑廃止など、多くの現行法の改正案が盛り込まれていたからである。仮にその報告書にあるとおり、現行のイスラーム法の古典的解釈に準じた、特に相続や婚姻に関する法が大胆に改正されることになれば、イスラーム諸国ではほぼ初めてのこととなるため、メディアも大いに注目し、それをめぐる議論や動向が連日報道されることとなった。イスラーム主義者やその支持者はこの法改正案に真っ向から反対し、他方、リベラル派の女性団体などはそれを支持し、国内外のネットワークを活用して支援を要請する活動を展開した。

そして、特に2018年8月13日の「女性の日」前後には、COLIBEの報告書をめぐり、支持派と反対派とが、それぞれ多くの集会やデモやシンポジウムなどを開催することとなった。COLIBEの委員長や委員らへは誹謗中傷や攻撃、脅迫なども相次ぎ、情勢が緊迫化していった。そのようななか、2018年8月13日の「女性の日」の当日、エッセブシー大統領はこの祝日を祝って、カルタゴ宮殿において、以下のような演説を行った。

まずチュニジア共和国の大統領として、2014年憲法を尊重し、その理念を実践していくことが自らの責務であること、その憲法に基づくならば、チュニジアは世俗国家であり、全ての法は宗教教義によってではなく、この憲法に基づいて制定されなくてはならないこと、その上で今回提案されている相続の男女平等の法改正については、大統領自らがその是非を判断するのではなく、国民代表者議会にその審議を委ねることとすると説明した。また相続の法改正案については、従来どおり、自らの信条に基づいて、男子への相続分を女子の2倍とする意向がある者はそれを遺言に託すことが可能であること、女性被相続人もまた自らの意志で自分の相続分を男性親族に譲ることも可能であるとし、複数の選択肢があることを強調した。そして大統領としては、COLIBEの報告書をめぐり、国民が対立することは望まず、対話を継続し国民統合が一層進むことを願っているとし、その演説を締め括った。

この日のエッセブシー大統領の演説については、多くの国民がおおむね好意的にそれを受け止め、「さすがバジブージー（エッセブシー大統領の愛称）！　全ての国民に似合うジュッバ（イスラーム風の長衣）を用意した！」という社説を掲載した新聞もあった。反対派勢力のナフダ党の指導者たちも、法案の国民議会での審議に同意し、議論の準備はできているとも発言していた。

そして2018年8月の時点では、その秋には相続に関する男女平等の法改正の審議が始まり、その法案は可決の見込みが高いと予想されていた。しかしながら、9月にその法改正案が審議のために提出されたという報道の後、その続報が一切途絶えることとなった。

そのため、10月下旬には、ATFDなどの女性団体やリベラル派の市民団体を中心に、国内外から80もの市民団体がチュニスに結集して国際集会を開催し、相続の男女平等への法改正を支持するようにと働きかけ、世界の政治リーダーや活動家らにもそれを訴えた。こうした国境を越えた市民社会の連帯や活発な活動もあって、2019年2月にはCOLIBEのブシュラ・ベルハッジ・ハミーダ委員長とノーベル平和賞受賞者のウィデート・ブーシャンマーウィーは仏国のマクロン大統領からエリゼ宮殿に招待され、大統領夫人もともに今やグローバル・イシューの一つでもある男女平等に向けた活動に賛辞が贈られ、それに向けた活動での相互の協力や連携が確認されることとなった。

しかし、チュニジアでは報告書公開から1年が過ぎても、法改正の審議は滞ったままであった。そして高齢であったエッセブシー大統領が92歳で、その任期満了まで5か月ほどを残し、2019年7月23日に逝去した。そのため、翌8月13日の「女性の日」も、祝賀行事などは控えられ、COLIBE関係者やその支援団体メンバーも、その日を法案審議中断のままで迎えることとなった。

そして同年9月15日の大統領選挙、10月13日の大統領決選投票を経て、無所属の憲法学者で元チュニス大学法政治学部教授カイース・サイード（1958〜）が大差で勝利し、10月23日にチュニジア共和国の新大統領として就任することとなった。政治経験がほとんどない無所属の憲法学者がこうして新大統領選出に選出された背景には、国民のあいだに既存政党や政治体制への大きな不満があったことを示している。しかしその一方で、新大統領のその保守的言動から、リベラル派のフェミニストたちは相続の男女平等の法改正は今またさらに遠のいてしまったともみている。

おわりに

2018年8月末に民間会社が1470人の男女を対象に行った調査では、COLIBEの相続の男女平等への法的改正案については、国民全体では61%が支持、37%が反対という結果となった。ただし、男性のみでは支持は55%、女性のみでは支持は75%となり、男女間でも差異が明確となったほか、ナフダ党支持者のみでは91%が反対という結果となり、数字の上でも国民のあいだの分断が鮮明に示されることとなった。

チュニジアの女性運動は、以上のように、独立以降の「国家フェミニズム」に続いて、革命以降は「市民フェミニズム」と呼び得る女性たちの主体的自律的な運動へと脱皮し展開してきた面がみられた。しかしながら、上述のように、それがさらに「リベラル派のフェミニズム」と「イスラーム主義フェミニズム」とに大きく二分化し、両極化してきているというのが現状といえる。ただし、上記の民間会社の調査にあるように、ナフダ党支持者の約1割は相続の男女平等に賛成しており、イスラーム主義者も決して一枚岩ではないこともうかがえる。それは本書の第2章やコラム9で「ムサワ」という団体のムスリム・フェミニズムについて述べられていることとも確かに重なるものである。

相続の男女平等を始めとする、ＣＯＬＩＢＥ報告書の法改正提案は、そもそもチュニジアの民主化をさらに確固たるものとすべく、『２０１４年共和国憲法』に明記された個人の権利、自由、男女の平等に向けて現行法を見直すという検討作業の成果であった。権利、自由、平等とは民主主義の根幹に関わる理念であり、その意味では、チュニジアでの上記の法改正案をめぐる議論は、遠い国の話ではなく、我々自身の日本における問題、例えば、女性天皇という国家レベルの問題から夫婦別姓などの個人レベルの問題などにもつながる共有し得る問題である。

これらの法改正案をめぐる具体的な動向はまた、中東北アフリカ諸国やムスリム多数派の諸国や地域におけるイスラームとジェンダーの問題を考えるうえでも興味深く、実際に重要な含意をもっていると思われる。一筋縄でいかない現実もあるが、チュニジアの女性たちの運動とともに、民主主義の問題としても、この法案の審議のゆくえを今後も注視していきたいと考えている。

コラム1

ジーン・シャープが指南する非暴力行動という戦略

谷口真紀

「支配者の暴力に抗うには暴力に訴えるしかない」という思い込みに、ジーン・シャープ（1928〜2018）という政治学者は別の選択肢を差し出す。シャープは一介の市民が肉体的暴力を振るわずして支配者に抵抗する方法を考え抜いた。インドの政治指導者、マハトマ・ガンディーの非暴力不服従運動の研究をきっかけに、シャープはアメリカ合衆国を拠点に非暴力行動の研究を重ねた。その結晶のひとつが1993年の代表著作『独裁体制から民主主義へ』である。この著作には、どのような政治状況に置かれていようとも民衆が非暴力行動という武器を手に闘争を挑めば社会を変えてゆけるという渾身のメッセージが冷静に綴られている。同著も含めた彼の英文著作はアラビア語・ヘブライ語・タミル語・カレン語・タイ語をはじめ50を超える言語に翻訳され、世界中の人々に読み継がれてきた。著作を通して草の根の人々の民主化運動に直接・間接的に影響を与えてきたことが評価され、彼は通算4度ノーベル平和賞の候補に挙げられている。実に、シャープは世界各地の人々の民主化運動を理論的に率いる役目を果たしてきた。

そもそも、非暴力行動とは何だろうか。シャープの定義によると、非暴力行動は物理的に暴行を働くことなく不当な権力者と闘争することである。支配者個人はもとより、社会構造が人々に加える暴力に毅然と抵抗していくことをいう。非という否定語が含まれているが、消極的な行動ではない。支配者の暴挙にただ反対の声をあげる運動ではなく、暴力以外の方法で不公正な権力体制と闘う積極的な行動である。

図1　機能する支配体制

図2　機能不全の支配体制

シャープは非暴力行動の戦略を198通りにまとめた。そのリストに記載されているのは、例えば、特定の商品やサービスの消費をボイコットする、バッジや飾りなどのシンボルマークを着用する、政府の雇用や地位を辞退するなどのいたって具体的な手段である。198のすべての手法に共通する非暴力行動の仕掛けがある。それは支配者の権力の源を切断し、支配体制を弱体化させ、最終的に支配者がその力を手放さざるを得ない状況に支配者を追い込むことである。

非暴力行動の仕組みはどのように働くのか。非暴力行動の仕掛けは組体操の人間ピラミッドになぞらえることができる。図1が示すように、組体操の人間ピラミッドの頂点に人が立っていられるのは、その下に支え続けてくれる人間がいるからである。だが、仮に組体操の一番下の列の右から2番目の人間が思うところがあってひとたびその支えの手を緩めたとする。すると、

図2のように、それだけで途端にピラミッドには動揺が走り、最終的には頂点に立つ人は崩れ落ちてしまう。こうした状況を生み出すのが非暴力行動の目的である。

歴史上の独裁体制の事例を徹底的に分析した結果、シャープはこの非暴力行動の理論を導き出した。民衆の地道な非暴力行動は機関銃よりも強大な威力を秘めていることを発見したのだった。現に、独裁者が機関銃で民衆を弾圧できるのは、その独裁者の意のままに動く人間が体制内にいるからである。銃の弾薬・部品・購入費の供給者を含め、その独裁者に協力するピラミッドの体制が存続しているからである。だが、誰かが弾薬供給を拒めば、銃は使い物にならず、独裁者は弾圧命令を取り下げなければならなくなる。あるいは、弾薬が補給されていても、誰かが発砲を拒んだなら、やはり独裁者は弾圧命令を撤回するほかなくなる。このように、民衆ひとりひとりが、支配者への協力を拒絶し、支配の仕組みをひとつひとつ崩していけば、最終的にその支配者がなすすべもなく取り残される状態を戦略的に作り出すことができる。支配者が頼みにしている民衆からの協力を断ち切ることにより、支配者の一番の泣き所にダメージを与え、支配者の権力を骨抜きにする非暴力行動は合理的な抵抗戦略である。

非暴力行動の戦略は何を意味するか。それを考えなければ、シャープが指南する非暴力行動の核心部分を理解することはできない。シャープが示した非暴力行動の戦略の裏を返すと、支配体制がはびこるのは、たとえ諦めからであろうと嫌々であろうと脅されていようと、人々がその体制に何らかの協力をし続けているからだということになる。自分たちの弱さや甘さを自覚し支配者との協力関係を断たない限り、人々はその悪しき権力者に力を貸し賛同し続けていることになるとシャープは言明したのだ。支配者のもとで抑圧されている民衆を思えば、ずいぶん冷酷な発言のようにとれる。民衆は何も自ら望んで独裁体制のもとに暮らしているわけではないし、むしろ、そうした体制の被害者である。しかし、だからこそ、彼は厳しい言葉を投げかけた。暴政からの自由を目指すのであれば、まず自分で自分を自由にしなければならないというのが彼の本意である。自らが絡め取られている権力の構造を意識し、自らの意志でその囚われから離脱せよと彼は呼びかけた。

「シャープの非暴力行動のすすめに頼る必要のない民主主義の日本は恵まれた状況にある」と安穏としている人にこそ、シャープの非暴力行動の手引きが求められるのではないだろうか。自由や正義は誰かに与えてもらう、維持してもらうものではない。自ら働きかけて得る、保持するものである。自分と相手を変える力が備わっていることを覚知せよと、シャープは個々の民衆の責務を問うている。無責任から脱却して自分を変えようとするその力が、やがて相手を変える力につながってゆく。非暴力行動は社会運動の最強の武器になるといったシャープの真意はそこにある。

第４章

トルコにおける女性運動とイスラーム

若松大樹

はじめに

筆者が博士論文執筆のためトルコ共和国国立アンカラ大学神学部に外国人研究生として留学していた２００５年から２００７年、大学を含む公共の場において女性がスカーフを着用することがまだ禁止されていた。言うまでもなく、神学部ではイスラーム神学が専攻でき、そこに入学してくる女子学生たちは宗教的には敬虔で、彼女らのうちの大半は外出する際に必ずスカーフを着用する習慣がある。それにもかかわらずなぜ、イスラーム神学を学ぶ神学部においてもスカーフの着用が禁じられているのか、なぜ彼女らが大学構内、しかも神学部においてスカーフを取ることを強制されなければならないのか、筆者は当時非常に違和感を感じていた。しかしながら同時に、この国の世俗主義・政教分離政策の徹底ぶりに驚いたものである。

トルコ共和国は建国以来一貫して、宗教と政治を分離しかつ宗教を国家の管理下に置くラーイクリキと呼ばれる独特の世俗主義政策を貫いてきた。その政策は公共空間から宗教を排除し、そして国民のプライベートな空間において実践される宗教をも国家の管理下におく徹底したものであった。特に1980年クーデターにおいてトルコ国軍が「世俗主義を守る」という御旗を掲げ、この軍事政権によってこの政策は同年に施行された「公共空間における服飾規定」によって強化され、以降31年間にわたって基本的に変更されることはなかった。

特に、1998年のいわゆる「ポストモダン・クーデター」と俗に言われる2月28日事件以降は、トルコ国内の全ての大学を統括するトルコ高等教育機構（以下YÖK）が、大学に勤務する宗教保守派の教員や職員に対する大規模な粛清を行った。この粛清は、大学ばかりでなく、トルコ共和国教育省管轄の小中高等学校における宗教保守派の教職員に対しても行われた。この粛清は徹底したもので、大学外においてスカーフをつける習慣のある女性教職員はマークされ、体のいい口実をもって解雇されるか、自ら退職の意思を表明するまで執拗な嫌がらせを受けたと言われている。

こうした状況に転機が訪れたのは2002年、イスラーム保守勢力を支持基盤にした公正発展党（以下AKP）が政権与党の座になってからで、こうした公共空間における徹底した宗教の排除を見直す動きが徐々に見え始めた。ついに2008年6月5日に、大学や小中学校におけるスカーフ着用禁止を記した項目が服飾規程から削除され、晴れて女性たちは自由な服装で勤務、勉学をすることができるようになった。もちろん、女性たちがこのような自由を獲得するに至った背景には、宗教保守派を支持基盤とする政党が政権を握ったということも大きな要因ではあるが、政権交代を支えた宗教保守派の女性運動の陰の力があったことは見逃すことのできない事実である。

本章では、トルコ共和国創設とともにトルコの女性運動がどのように発展・展開してきたかを概観することによって、現代トルコ社会における女性運動とイスラームとのかかわりを紹介してみたい。

1 近代化の象徴としての女性運動

トルコにおける女性運動は、オスマン朝末期から西欧近代化に対応するためにすでに芽生え始めていた。オスマン朝末期における女性運動あるいはフェミニズム運動は、19世紀末期から20世紀初頭にかけて公共空間と個人の空間における男女同権を主張する運動として始まった。近代的国民国家が高らかに掲げる「法の下の全国民の平等」の枠組みのなかで、男女同権という概念が現れ始め、トルコ社会の特にエリート層の女性を中心に始まったこの運動は、他の西洋諸国における女性運動と並行して徐々に進行していったものの、多分に政策的なものであった。これをトルコにおける女性運動の第一波として位置づけることができる（Çakır 2016）。

共和国時代に入ると、オスマン朝時代に女性運動が主張してきた要求を法律改正をもって保証する「国家フェミニズム」が登場した（Tekeli 1998）。共和国においては、まず１９２６年の家族法改正と教育改革、１９３０年代には女性に対する男性と同等の権利を保障する平等権の付与、労働権の付与など、女性に対する政策が根本的に改革された。しかしながらこれらの改革は、実際には机上の空論であった。トルコにおけるフェミニズムに関する先行研究も明らかにしている通り、トルコの女性運動は「上からの改革」によってもたらされた官製女性運動であった。政府はこうした女性解放運動を諸外国に対して、民主主義と西欧近代化のシンボルとして利用したのである（Tekeli 1998; Kerestecioğlu 2004）。

トルコ共和国における女性の政治への参加は他の欧州諸国よりも比較的早く、１９２３年のトルコ共和国成立以降に具体化していく。1930年には地方選挙における女性の参政権が、1934年には女性の国政選挙における参政権が認められた。これらの権利は、当時の共和人民党独裁政権が掲げた「西欧化と近代化」という政治目標を実現させるためのプロセスとして国家によって与えられた権利であった。そして女性の参政権や女性の権利一般を、世俗主義を掲げる民族共和国のトルコ共和国がみずから付与するということは、イスラームに基づいた「時代遅れの家父長的な男性社会」に対するアンチテーゼとして、たぶんに象徴的かつ戦略的なものであった。

トルコ共和国成立の前夜、1923年7月にネズィーへ・ムヒッディン（1889〜1958）は他の女性運動の活動家たちとともに、女性の経済的、社会的、政治的権利を守るため、そして男性と同等の権利を獲得するために、女性人民党を設立した。しかし設立当初、政府から女性運動そのものへの根強い反対があり、これは政府内にそうした運動自体をつぶそうとする動きがあったことの表れであった。結局この政党はトルコにおける女性運動の「第一波」となったが、トルコ政府の公認を得られることはなかった。次いでムヒッディンは1924年にトルコ女性組合（Türk Kadınlar Birliği）を設立し、まだ女性参政権が認められていなかった1927年にフェミニストの男性候補ケナン・ベイを候補に立てて国政に挑むが、あえなく当選とはならなかった（Zihnioğlu 2010; Kılıç 1998）。

トルコ女性組合はその後も、女性の諸権利、たとえば教育や健康、社会的地位の向上などを獲得するために活動を展開したが、真の目的は女性の参政権獲得であった。トルコ女性組合は、女性にも男性と同様の政治的権利があること、特に選挙被選挙権が女性にも付与されることを、活動の第一目標とした。しかしながら、トルコ女性組合が女性参政権を獲得するためのキャンペーン活動を始めたとき、政府はこの活動を妥当と見なさず、時期尚早として運動を中止にするよう命令を出し、ネズィーへ・ムヒッディンの政治活動を禁止した。その後同組合は、慈善活動や村落に住む女性たちの教育活動を活動の中心とし、ケマリストの文化協会として活動を継続することになる。そして1935年12月5日の憲法改正によって、30歳以上の全ての女性に対して選挙権と被選挙権が承認されたことによって、協会としての第一義的目標を達成したとし、翌年1935年にトルコ女性組合は解散することとなる（Zihnioğlu 2003; Kılıç 1998）。

2　1980年代——女性運動の新たな展開

西欧化／近代化改革を推進するケマリストたちにとって、女性はその象徴に過ぎなかった。彼らは女性参政権など一連の女性の権利拡大に対して消極的であるばかりか、彼らが理想とする家族観は女性たちの社会的地位を著しく貶めるものであった。彼らは近代国民国家の国民として女性の社会進出を提唱する一方、女性は経済的に生計を維持する男性に代わって、家庭にいて家事や子育てを完璧にこなす女性が、トルコ共和国の理想の女性像であると提唱した。さらに彼らのいう女性の社会進出とは、必ずしも男性と同じように社会に出て働くという意味合いはなく、男性優位の社会において男性の仕事を補佐する「女性的な」職域での活躍を奨励することであった。ところが、中上流階級以外のトルコの人口の大部分は農村部に広がっていたことから、都市部に住む一部の核家族を除いてはこうした女性像が実体化することはなかった（Arat 2010; Cf. 村上 2002: 96）。

また都市部においても、こうした一方的な「上からの」女性運動は、女性たちを職場においては男性の下位に位置付け、家庭においては家事一切を女性の側に押し付ける結果となった。したがってトルコにおける女性運動は1980年代に入るまではいわゆる「官製フェミニズム運動」であり、西欧的近代国家を象徴するためにとりつくろわれた「上からの女性運動」であった。とはいえ、従来男性優位なトルコ社会において目立たなかった女性たちの存在を可視化することになったという点においては画期的であった（村上 2002）。

１９７０年代後半からの女性運動は特に、世俗主義・左翼運動の一部の運動として起こった。こうして世界のフェミニズム運動との連携を保ちながら、保守的な環境で「抑圧された」女性の解放を目指した。これをトルコの女性運動の第二波と位置付けることができる（Tekeli 1998）。

これらの運動は、法律的に保障された男女同権を実社会で実現することを目指した。そしてその目標は、実社会において依然として経済的、社会的そして文化的に抑圧された女性の解放と女性に対する制度的な抑圧を改善していくことであった。男性優位のトルコ社会において、これまでのケマリズムに根差した「官製フェミニズム」を批判し、イスラームの名の下に行われる習慣や、特に東部にすむクルド系の部族の掟の下に社会的に虐げられた女性の権利を回復し、完全なる男女同権社会を作ることが目指された。この点においてユルドゥズはタフスィール学の立場から、イスラームは決して女性の社会進出を妨げるものではなく、むしろ女性が進んで社会で活躍することを奨励していると述べる（Yıldız 2019: 90）。それは近代西洋を目指したトルコ共和国の初期の理念において、フェミニズムが近代化の象徴としてのみ利用されたことに対する批判でもあった。

１９８０年クーデターとそれに続く１９８３年の民政移管後、トルコは自由競争を基礎とする経済に移行した。それに伴って、それまで官営だった企業が次々と民間企業にとって代わられた。民間企業の増加とともに、女性の社会進出が加速する傾向にあった。村上（2002）も述べているように、この当時の女性運動において理想とされたのは社会で働いて男性同様に活躍する世俗的な女性像であり、裏を返せば安い労働力として女性は単に男性の仕事を補助するために動員されたに過ぎなかったという側面も垣間見えることとなる。その一方で、宗教的に保守的な女性たちの中にも社会において男性同様に活躍したいと願う人々もいたが、そうした声は左翼運動に根差すフェミニズム運動の前に周辺化されることとなった。

3　宗教的保守派の女性運動

親イスラーム政党である福祉党（以下ＲＰ）が１９９５年の総選挙で第一党になり、翌１９９６年7月8日、中道右派で第二党となった正道党（以下ＤＹＰ）と連立し、正式に国会の承認を得て組閣する運びになった。世俗主義を国是とするトルコ共和国において親イスラーム政党が第一党となって政権を取るという結果は、これまで世俗共和国で長年抑圧されてきた宗教保守派の覚醒を反映するものであった。それ以降、たとえば１９９６年10月6日にアンカラ最大のモスクのコジャテペモスクにおいて「我々にはシャリーアが必要だ」というスローガンを掲げたデモ行進が見られたり、翌年の1月11日にはエルバカン首相がタリーカのシャイフやリーダーをラマダーン明けのイフタールの食事に公式に招待したりと、社会の「イスラーム化」が顕著に見られるようになった。

こうした状況に対して、１９９７年2月5日、スレイマン・デミレル大統領は書簡でエルバカン首相に警告を発した。もちろん世俗派の野党、共和人民党（以下ＣＨＰ）や世俗主義の擁護者を自認する軍関係者は決して良い感情は抱かなかった。１９９７年2月28日の国家安全保障会議は、世俗主義の護持を決定し、またタリーカ運営の小中学校の特別監査を実施することとし、最終的にはそれらを国民教育省に委譲し、そしてクルアーン教室監査の徹底を決定した。そしてデミレル大統領、軍そしてＣＨＰなどの世俗派勢力が国家の安全と世俗主義の護持の名のもとに多くの宗教保守派の粛清を図った。

ある女性大学教員は当時を振り返ってこう語っている。

「学生当時、大学の構内にはスカーフをして入れなかったんです。スカーフを取るのも嫌だったので、スカーフの上からカツラを被って授業を受けていました。先生たちは（それに対して）問題だとは言わなかったけれど、制服と私服の警官が構内を歩き回ってスカーフをしている学生を取り締まっていました。でもこれは明らかにセクシャルハラスメントでしょう。なぜなら、私たちは自分たちの髪の毛が人目にさらされることを拒んでいるのですから」

この女性は、学部卒業後修士課程に進み、修了後数年間の就職活動の末ある大学で研究員の職を得たが、大学外でスカーフを被っていたという理由で解雇されてしまった。このように、保守的な女性の中でも社会に出て働きたい、男性と同じようにキャリアを積みたいと願う女性も多く見られる。しかし、自らの信仰や生活習慣のためにその願いがかなえられず、冒頭でも述べたように、２００８年６月５日の公務員の服飾規定改定まで、男性優位社会で疎外されるという状況が続いた。

このような宗教保守派の女性が何の憂慮もなく男性と同様に社会進出できるようになってからは、公共空間のさまざまな場において女性の活躍を見ることができる。例えば、次頁の表1は、トルコの国会における女性議員数を示したものである（BBC 2020）。

この表を見ると、１９３５年の最初の選挙から複数政党制が導入される１９５０年にかけて軒並み女性議員の数は減り続けており、１９５０年にはついに０・６％にまで落ち込む。その後は２００２年にはじめてＡＫＰが政権を取るまでは横ばいであり、飛躍的に増加するのは、同党が再び総選挙で単独過半数を維持した２００７年である。その後も女性議員数は増加し、全議員総数の15％前後で推移している。女性議員が増えるにつれて、政府主導の女性運動が活発化している。たとえば「女性・民主主義協会（以下ＫＡＤＥＭ）」がその代表的な組織である。

この政府系ＮＧＯ組織は、男女が社会においてそれぞれの役割をもって同等の立場で生活していける社会の構築を目指し、２０１３年5月31日に設立されたＫＡＤＥＭ基金が母体である。またこの組織は宗教保守の女性のみを対象にした基金ではなく、全ての女性に対して開かれた組織となっている。主な活動としては女性の就職支援や職業訓練、女子学生に対する奨学金の支給などがある。

表１　トルコにおける女性国会議員の数と割合

選挙の年	全国会議員の総数	女性議員の数	女性議員の割合（%）
1935	395	18	4.6
1943	435	16	3.7
1950	487	3	0.6
1957	610	8	1.3
1965	450	8	1.8
1973	450	6	1.3
1991	450	8	1.8
1999	550	22	4.2
2002	550	24	4.4
2007	550	50	9.1
2011	550	79	14.3
2015（6月7日）	550	97	17.6
2015（11月1日）	550	81	14.7

おわりに

オスマン朝末期にエリート層の女性の間で芽生えた男女同権または女性の権利の拡大を目指す運動は、西欧近代国家を目指したトルコ共和国によって、近代と世俗主義の象徴として利用されるに至った。そしてこの「官製フェミニズム運動」の下で、その後、自由経済への移行とともにトルコの女性たちは、世界フェミニズム運動の影響を受けて女性の社会進出という御旗とともに、安い労働力として動員されるに至る。しかしこの運動はあくまで世俗主義・左翼運動としての側面を持っていたことから、男性と同等にキャリアを積みたいと望む宗教保守派の女性たちの社会進出を阻害する結果となっていた。

その後徐々に、イスラーム系の宗教保守勢力が台頭してくるにつれ、女性の社会進出も全体として底上げされた。それに伴い、官公庁における女性の管理職の割合も増え、国会議員のうちの女性議員の数も年々増加傾向にある。女性の社会進出という点においては、確かに順調にその方向へと進んできているようにも見える。ただ他方では、女性に対する暴力事件などが連日報道されており、またイマーム婚と呼ばれる正規の結婚以外に男性が第二夫人や第三夫人を娶るという習慣が、地方だけでなく都市部でも見られるなど、トルコにおける女性に関する課題は未だ多々あると言わざるを得ない。

トルコにおいては女性支援関係の民間のNGOが大小さまざまな活動を行っているが、社会に対して強い影響を持つには至っていない。これは女性運動ばかりではなく、障がい者支援関係のNGOなどほかの分野のNGO組織においても言えることである。トルコの女性運動の歴史を見てもわかるように、トルコにおける女性運動は「上からの運動」なのであり、草の根活動が地道に成果を上げたことはこれまでにほとんどない。したがって、トルコの女性運動の成功を握るカギは、常に政府の意向によるところが多い。

第5章

革命後イランの女性運動

――女性活動家の言説

中西久枝

はじめに

自分のスカーフを棒の先にぶら下げて、路上の目立つ場所に立つ若い女性の姿を各国メディアが捉えたのは、2018年1月のことである。イランでは女性たちがスカーフを公共の場で脱ぎ、誇らしげにしているセルフィーをインスタグラムやユーチューブに次々と挙げ始めたのである。1979年2月のイラン革命から40年経過した今日、ヘジャブ（スカーフとイスラーム服）が義務付けられているイランで大きな変化がおきている。スカーフなしの女性が首都テヘランを中心に増え、他の主要都市部でもしだいに進みつつある。このような変化は、どのようにしておこったのだろうか。

革命後のイランには、多くのパラドックスがある。その一つが女性のヘジャブと社会進出である。ヘジャブ着用が強化されるほど、高等教育を受ける女性が増え、就労を含めた女性の社会進出は進んだ。もう一つのパラドックスは、国家法であるイスラーム法が厳しく適用されればされるほど、女性たちは強く反発し、女性運動が盛り上がる傾向である。

イラン革命は王政を打倒し、イランは「イラン・イスラーム共和国」となった。大統領制のある共和国であると同時に、イスラーム法学者（宗教指導者、ウラマー）が統治する「法学者の統治」体制となった。イスラーム法の解釈はウラマーの専権事項となり、パフレヴィー朝（1919〜1979年）時代に改革された女性の家族生活に関わる法律、『家族保護法』がイスラーム的でないとされ、廃止された。また現在のイラン民法典は、「イスラーム的原則に従えば」という条件が付随し、イスラーム法が基軸の法体系となっている。この民法には、結婚、離婚、遺産相続、子供の親権など、家族生活に関わる法律が制定されており、男女同権となっていない規定が多い。女性活動家たちは懸命にその改正を求めてきた。その中核を担ってきたのは、主に女性ジャーナリストや弁護士などの法律家であるが、こうした女性の知識人たちは、政治論評誌や新聞を発行し、女性の社会進出の必要性を訴え、男性中心主義による法や社会規範を批判してきた。

イランの家父長制に対する批判はパフレヴィー時代にも存在していたが、上流階級の女性に限られていた。革命後はその担い手が中産階級に拡大した。それは革命後特に女性識字率が向上し、高等教育を受ける女性の層が中産階級まで広がったためである。女性による女性の権利拡大の動きは、実は多様な思想潮流とともに発展してきた。ここでは、その中でも特にイスラーム改革主義と世俗主義の二つの潮流に着目し、その中心的な女性活動家の軌跡を辿っていくと、革命後40年経過した今のイラン像が見えてくる。女性運動の軌跡は、国家法を超えようとした女性たちと、国境を越えた女性たちの物語である。

1　国家法への挑戦――チャドルのイスラーム改革主義者とイスラーム的フェミニスト

(1) アーザム・ターレガーニー(1944年～)

イランの国家法がいわゆるイスラーム法であれば、女性の権利を擁護するには、やはりイスラームの枠組みの中でというのは、有効なアプローチ法である。そうした考え方に立脚して女性運動を展開してきたのが、イスラーム改革主義の潮流を汲む女性活動家である。

イラン革命後、いち早く女性の権利をイスラームの枠組みで訴えていたのが、アーザム・ターレガーニーである。ターレガーニーは、「イラン・イスラーム革命女性の会」を1979年に設立し、『パヤーメ・ハージェル(ハージェルの伝言)』という政治論評の新聞を発行し始めた。彼女は1980年から4年間国会議員であったため、政治声明を表明する新聞として当初は出版したという。1980年当初は隔週だったが、その後毎週の発行となり、2002年に発禁処分となるまで22年間続いた。『パヤーメ・ハージェル』の中で、ターレガーニーは、イラン政府が女性の権利として解釈しているイスラーム的原則が、必ずしもクルアーンに誠実な解釈とは限らないことを強調した。彼女は、革命後義務付けられたヘジャブについては、イスラーム史でヘジャブがいかに多様に解釈され実践されてきたか、その多様性を明らかにし、体制側が「理想のヘジャブ」としている、イラン体制のイスラーム国家主義への問い直しをしたのである。

1991年7月、私がテヘランの下町にあるターレガーニーのオフィスを訪ねたとき、彼女は黒いチャドル姿でこう語った。「ここの国の政府は、足が透けて見えるストッキングは履いてはいけないとか、髪の毛が一本も見えてはいけないとか、メイクは禁止だとか、女性のヘジャブについていろいろというけれど、クルアーンにもハディースにも、女性はどこまで体を隠すのかなど書かれていない。(政府は)ヘジャブをしていればイランがイスラーム国家になると思っている。女性の貞潔さは女性が自分で決めるものであり、ヘジャブのかぶり方もおのずと決まる。ヘジャブは決して強制されるものではない。本当にかぶりたいと思っている人が(貞潔さを)示せばいいだけだ」と。

『パヤーメ・ハージェル』では、女性の結婚生活上あるいは離婚後の経済的権利について、多くの記事を掲載してきた。婚姻時に取り交わす婚姻契約書に何をどこまで明記すべきか、女性が自分の権利についてもっと意識を高める必要があると説いている。「最低限の生活費(ナファカ)は婚姻時も離婚後も保障されるとクルアーンにはある。イラン女性はもっとクルアーンを自ら解釈する能力を磨くべきだ」という。彼女は、女性のためのクルアーンの勉強会を定期的に開催し、イスラーム法上の女性の権利についての啓発活動にも取り組んだ。

ターレガーニーは、1997年と2009年の大統領選の際に立候補したが、護憲評議会による候補者の資格審査では失格とされた。大統領の資格についてはイラン憲法115条にその規定がある。憲法115条は、「大統領は、政治的、宗教的な人格(rejal, アラビア語ではrejalが単数の男性の意、rijalが複数形の男性の意、ペルシャ語では通常あまり使用しない語彙のため、男女の違いが明確ではない)から選出される」と規定している。彼女は、クルアーンで登場するrijalがどのような意味で用いられているかを検証し、その結果、この「人格」の意味が決して女性を排除するものでないことを証明する論考を、『ザナーン』28号(1998年)に発表した。女性だから失格という点を護憲評議会は明確にしなかったが、クルアーンにはその用語上、男女の差別がないことを示唆したのである。

2017年の大統領選では、ターレガーニーは73歳という高齢の体を押して、3回目の立候補をした。彼女は前の2回と同様、失格になったが、それを覚悟の上での立候補だった。立候補時から「これはイランの人口の半数を占める女性の政治的権利に関わる問題である」と語り、立候補することが女性に差別的な国家体制に対する挑戦だという立場を貫いたのである。

（2）ショホラ・シェルカット（1956年〜）

イランではパフラヴィー朝の近代化政策の過程で、イランは女性の結婚や離婚に関する権利を改善するため、家族保護法（1967年、1973年改正）が施行された。家族保護法は革命後、イスラーム的でないという理由で撤廃されたため、女性の結婚年齢が16歳から一時は9歳に下がり、現在は14歳になった。一夫多妻婚も革命前より楽にできるようになった。

革命後女性の知識人たちは、こうした動きに反発し、新聞、雑誌などの出版活動を通じて、民法改正を訴えていった。いわゆる女性が編集者でありかつ記者でもある女性雑誌は、1980年代から20年間相次いで出版された。シーア派の神学校が集中するコムで出版された保守的な雑誌から、フェミニズムを標榜する進歩的な雑誌まで多様な出版物が勢ぞろいした。

そのなかで最も注目されるのが、ショホラ・シェルカットが出版した『ザナーン（女性たち）』である。ザナーンは改革派路線のハータミー政権下1998年から出版を開始し、フェミニズムを標榜する雑誌として若い層を中心に広い支持を集めた。2008年発禁となったが、その後穏健派のロウハーニー政権下の2014年に『ザナーネ・エムルーズ（今日の女性たち）』として復刻した。一旦発禁処分となった雑誌や新聞は多いが、今日まで生き延びた女性雑誌は、『ザナーネ・エムルーズ』のみである。

『ザナーン』第９号の表紙。男女の同棲カップルが同じ重さの買い物袋を持ち、横並び並んで歩く姿。ジェンダー平等を暗示している

『ザナーン』はフェミニズムを厳密に定義しないまでも、男性優位の家父長制的な価値観や社会規範がイスラームの名で正当化されていると主張した。『ザナーン』は、一夫多妻制や一時婚（一定期間契約を結んで婚姻関係となる制度、現在はシーア派特有の制度）、女性が父親や夫の許可なく海外渡航や留学できない制度や女性の側から離婚を申し立てる権利に制約が課されている点など、現行の法律や慣習が実はイスラーム法として認めてよいかどうか、批判的な記事を多く満載している。特に第一次ハータミー政権期（１９９７～２００１年）には市民社会論が知識人のあいだでさかんに議論されたが、『ザナーン』は女性の権利が市民権として認知されるべきであり、それなしにはイランで市民社会は成立しないと訴えた。

　復刻からまもない２０１５年９月、『ザナーネ・エムルーズ』は、「白い結婚」（未婚の男女が同棲する現象をさす、正式な婚姻届がないため身分証明書に婚姻証明のページが空白であることから「白い」結婚と命名）がイランで流行している現象を取り上げ、再度発禁処分を受けた。同棲の男女関係が実は一時婚とあまり変わらないことを暗に示唆する前衛的な記事が掲載されていたからであろう。『ザナーネ・エムルーズ』は、その数か月後にまた復刻したが、２０１６年３月テヘランのオフィスでシェルカットに会ったとき、彼女

は発禁になったときのことをこう振り返った。

「私は白い結婚がイランで進んでいるのは問題だと言ったのよ。いいことだと言ったわけではないのに出版停止処分。でも、その連絡は正式な文書で来なかった。新聞でそう報道されて初めて知らされた。この国では何がよくて何が悪いのか、本当にむずかしい」。

その後、『ザナーネ・エムルーズ』は、表紙ともども記事の内容を変えた。表紙は地味な学術雑誌の体裁になり、内容も気候変動による干ばつがもたらす水不足問題や児童婚（特にイランでは少女婚）、ストリートチルドレンなどの社会問題など、イランの開発問題を広く取り上げるようになった。ジェンダー平等といった国連の持続可能な開発目標（SDGs）に依拠し、『ザナーン』の時代のフェミニズムから開発的アプローチへと変化したのである。イランでは2015年の核合意がアメリカの離脱で事実上頓挫した現在、保守強硬派の勢力が強まるなか、ハータミー元大統領の存在も改革路線を引き継ぐあらゆる思想潮流が影をひそめている。シェルカットは、そうした時代の流れを敏感に感じ取りながら、今も出版活動を続けている。

2 国境を超えた人権活動家――世俗主義の女性弁護士たち

先述のようにハータミー時代の『ザナーン』は、多彩な思想潮流をカバーし、市民社会論やフェミニズムを展開するフォーラムのような存在であった。『ザナーン』は、改革派のウラマーから前述のアーザム・ターレガーニーをはじめとするイスラーム改革派の女性活動家、さらには世俗主義の思想潮流を汲む女性知識人や女性の国会議員などが、イランの女性の権利を拡大するためにはイランに何が必要であるかという議論をシリーズで掲載したからである。

その中には、いわゆる世俗主義の立場をとる女性弁護士がいた。シーリーン・エバーディーとメヘランギーズ・カールはその代表ともいえる。

（1）シーリーン・エバーディー（1947年〜）

私がシーリーン・エバーディーに会ったのは1991年7月のことである。彼女の自宅兼オフィスを訪ねたとき、彼女は髪が透けて見えるふわっとしたネッカチーフをかぶっていた。かつては女性裁判官だった彼女は、1982年に女性は情緒的だという保守派ウラマーの法解釈により、裁判官の職を追われた。1991年当時は、弁護士の仕事と子どもの権利に関する本を書くなど執筆活動が中心だと語った。同じく弁護士であった父親と一緒に書いた商法の本を書棚から取り出して見せてくれた。

1975年、彼女は27歳という若さで女性裁判官になった。「国際人権法や国際人道法を広く勉強していたことから、イランの法も、そうした国際法上の規範に照らし合わせて法解釈や法の適用がなされるべきだ」と以前から考えてきたという。「1979年の革命後、イスラーム法があらゆる法の基準になったが、これがイスラーム法だと言えるような一律的な法体系は実際には存在しない。男女平等や子どもの人権を保障することは実際には可能だが、イラン政府が考えているイスラーム法ではそうはならない」と淡々と語った。

「私には今2人の子どもがいるの。子育てをしながら2人の将来のことをよく考えることは多いのよ」と少し個人的な話をしながら1時間ほど話してから、彼女自身が書いた「子どもの人権」というペルシャ語の本をおみやげにと差し出してくれた。今でこそ「子どもの人権」は国連をはじめ国際的に重要な概念であり規範であると考えられているが、当時、中東にこの言葉を口にする知識人はほとんどいなかった。その意味で、彼女は先覚的な知識人だった。

ハータミー政権が始まった1997年以降は、エバーディーの時代になっていた。当時急速に進んだ言論と出版の自由によって多くの世俗主義者の知識人が、イスラーム法による国家運営を批判する本を著し、報道法に抵触したかどでで拘留される事件が相次いだ。彼女は、そうした知識人の弁護士となり、人権活動家として活躍した。彼女は2003年にノーベル平和賞を受賞するが、2005年アフマディネジャード大統領の就任以降、反体制派の知識人を擁護する人物として危険視されるようになった。それは、いわゆるハータミー政権下で浸透した「開かれた市民社会」へのバックラッシュがおこったからである。2008年エバーディーはついにイランを追われ、欧米に亡命することになった。

(2) メヘランギーズ・カール(1944年〜)

エバーディーと時期を同じくして私がテヘランで会ったのが、メヘランギーズ・カールである。カールには1991年8月と1998年11月の2回、友人の紹介で会った。カールもまた、エバーディーと同様、人権擁護の弁護士としてすでに有名だった。最初は彼女のオフィスで、2回目はタジュリーシュというイラン北部にあるガーエム・バザールの近くのレストランで会った。

カールはオフィスでもレストランでもスカーフすらかぶらず、レストランで会ったときは、誰か他の人にそれを見られたらどうするのだろうかと、私の方がはらはらしていた。今から考えれば、そのレストランは恐らくカールの知り合いが経営していて、私たち以外に客がいない時間帯を狙って、面会が設定されていたのだろう。カールは「現在のイランでの女性の権利が男女平等にならないのは、イランがイスラーム化したから。ゾロアスター時代のイランでは女性はもっと解放されていた。イスラーム法がすべてのイランの法律を規制するようになったのは革命後のこと、イスラーム法をイランで廃止しない限り、男女平等は実現しない」ときっぱり語っていた。

カールは、エバーディーより早く、イランから追放されることになった。2000年5月にドイツで開催されたベルリンでの国際会議でスカーフを着用せずに参加したことや会議後に他の会議参加者と飲酒による騒ぎを起こしたなどの理由で、イランへの再入国を拒否されたのである。実際に彼女が飲酒パーティーに出席したかどうかは定かではない。

エバーディーもカールも、今はアメリカの大学機関で研究職に就いている。2009年6月のイランの大統領選挙でおこった票の数え直しを市民が要求したことに端を発した、いわゆる緑の運動が起こった際には、イラン政治の民主化を求めて、運動の参加者に対してアメリカから声援を送り続けた。緑の運動は、「私の票はどこに行ったのか」という選挙の公正性に異議を唱えるスローガンで始まった、民主化を要求する運動であった。やがて運動は、徐々に「法学者の統治」制度そのものへの批判にまで発展した。現体制下では、民主主義も人権も抑圧され続けるという主張へとつながったのである。女性の人権がもっと保障されるべきだという、女性の権利の拡大への要求が、こうした政治的文脈の中で幅広い層の女性の支持を得て大規模なデモへと発展したのである。この運動に参加した女性たちは、「緑の女性」と呼ばれ互いに連帯感を高めたが、運動は2年で鎮静化された。

おわりに

緑の運動に参加した女性活動家たちは、その後多くの回顧録を出している。その中で、ファーテメ・サデギーは、女性たちは究極的には女性の自己決定権を希求したという。女性たちにとっては、ヘジャブは単なる衣装の問題でもイスラーム国家の象徴でもない。自分が着たい洋服は自分で決める、自分がしたい髪形もメイクも自分で決めることができるかどうかは、自分のライフスタイルに関わる問題である。それを認めないのは、個人の生活というプライベートな領域にまで、政府が介入をしているからである。イランの女性たちの政府への不満は、そうした身近な問題から始まっている。政府が奪っているのは、女性の身体に対する規制だけではない、結社の自由、合理的なガバナンスを国民が行う権利であると、サデギーをはじめとする「緑の女性たち」は主張する。

交通渋滞の激しい首都テヘラン。男女二人乗り（2019年3月1日）

イランでは今日30歳になっても結婚しない女性は少なくない。結婚するしないは自己裁量が発揮できるが、一度結婚したら女性の側から離婚する権利がイランでは自由にならない。欧米では普通なのにイランではなぜそうならないのか、という問題意識がそこにある。それは、グローバル化した世界の動向に敏感な女性たちが単純に発している疑問なのである。

確かに緑の運動は失敗に終わった。緑の運動に参加した若いイラン人女性たちの多くが欧米に亡命した。イランでは一見、シェルカットが孤独な戦いを続けているように見える。『ザナーン』という政治フォーラムで一緒に戦った多くの女性活動家はもうイランにはいない。ターレガーニーは一線を退き、エバーディー、カール、故ラフサンジャーニー元大統領の娘のファーエゼ・ハーシェミー（過激にフェミニズムを謳歌した新聞『ルーズナーメ・ザン（女性新聞）』を1999年に発行したが数か月で発禁処分を受けた）は全員国外に出てしまった。

でもその一方で、シェルカットが女性活動家の国外組と一緒に築いたフェミニズムの潮流は、次世代の若い女性たちによって別の形で引き継がれている。ソーシャルネットワークというヴァーチャルな世界で、イランの女性たちはイランの国内外で、日々刻々と政治批評とともに女性の権利拡大の声をあげ、その輪を広げている。イランの国内外で流行しているヘジャブのサボタージュもその一端である。

かつて、欧米のフェミニストたちは、「パーソナルなものこそ政治的」と語った。今のイランは「ヴァーチャルはリアル、リアルなのはヴァーチャル」であろうか。ロウハーニー政権後、政府自ら掲げ始めた「ジェンダー平等」のスローガンは、国策よりも早く、白い結婚やヘジャブのボイコットといった女性たちの「日常の営み」によって実は実践されつつあるのかもしれない。

第6章

湾岸諸国の女性運動
――社会運動の不在あるいは団結できない事情

大川真由子

はじめに

2019年2月、湾岸諸国（サウジアラビア、クウェート、カタル、バハレーン、アラブ首長国連邦、オマーンの6か国）のみならず、一部欧米のメディアで、あるスマートフォンのアプリが話題になった。サウジアラビア政府が提供するアプリ「アブシャル」だ。アブシャルは2015年以来、パスポートやIDカード、免許証の更新、最近では銀行口座開設や振込などのサービスにアクセスができ、従来長蛇の列をなして手続きをしなくてはならなかった作業を簡便化するということで重宝されている。だが、このアプリを一躍有名に（悪名高く）したのは、そのアプリがもつ、後見人男性が女性親族の移動を管理できるという機能である。現在地の把握のほか、女性がパスポートを利用する際、後見人男性の携帯電話にショートメッセージが送られたり、海外渡航を制限したりするという機能も備わっており、国際社会からの批判の対象となった。

湾岸諸国においてこうした「女性問題」でもっとも頻繁にメディアでとりあげられるのはサウジアラビアであろう。上記のアブシャルが世間の注目を浴びる少し前、同国出身のラハフ・ムハンマドという少女が家族のもとを逃れ、オーストラリアに向かう経由地のタイの空港で当局に拘束されるという事件が起きた。本国へ強制送還されそうになったが、SNSを通じて世論に訴えた結果、カナダから難民地位の認定を受けたのだった。このラハフ事件後、アブシャルの女性管理機能が強化されたといわれる。一方で、国際的イメージの回復を狙うかのように、次期国王と目されるムハンマド・ビン・サルマーン皇太子は、2018年6月に女性の自動車運転を解禁したり、2019年8月には21歳以上の女性の海外渡航に男性後見人の許可を不要にしたりするなど、改革を打ち出している。なお、ラハフ事件に関しては、ラハフに対して同情を寄せる国際世論に対し、筆者の調査地であるオマーンでは彼女に対する批判（言動や服装など）が男女を問わず多かったことは興味深い。

本章では、中東のなかでは保守的といわれる湾岸諸国における女性の地位と社会運動を概観し、比較的活動がさかんなバハレーンに対して、筆者が長年調査をしているオマーンではなぜそのような動きが少ないのかを検討する。社会運動を扱う本著のタイトルとは矛盾するようだが、結論を先取りしていうならば、湾岸諸国に社会運動は不在といってよい。『新社会学辞典』（有斐閣、1993年）によれば、社会運動とは「社会構造上の矛盾やその他の原因によって引き起こされる生活要件の不充足を解決するためになされる、社会的状況を変革しようとする集団的活動」である。『社会学事典』（弘文堂、1994年）でも、運動の目的の表現は異なれど、「組織的もしくは集合的な活動」と定義されている。このように社会運動を「なんらかの社会的目的のためにおこなわれる集団的行為」と捉えるなら、他の中東諸国で報告されるような動きは、バハレーンを除き、湾岸ではほとんどみられないのだ。2011年の「アラブの春」以降、自分たちの置かれた状況に異を唱え、さまざまな形態の抵抗運動に身を費やしたり、男女平等の実現に向けて団結して闘ったりするというアラブ・ムスリム女性のイメージあるいは報道のされ方に、筆者は多少なりの違和感を抱いていた。本章では、オマーンの女性の置かれた現状と彼女たちの意識を検討することで、社会運動の不在から照射される湾岸諸国の特徴を提示したい。

1 湾岸における女性の法的地位

中東における女性の地位は、イスラームという宗教的要素よりも、むしろその地域あるいは国家の社会経済的要素と政治状況に大きく影響されている。湾岸諸国の場合、部族主義とか保守的なイスラームの遵守が文化的特徴として挙げられるが、経済的特徴といえば、まずもって石油経済による裕福さを挙げることができる。世界銀行の統計によると、２０１８年の国民一人当たりのＧＤＰは、エジプトやチュニジアと比べ、湾岸諸国でもっとも貧しいオマーンで5倍以上、世界一裕福といわれるカタルにいたっては20倍近くの差がある。政治体制に関していえば、君主に権力が集中し、主要閣僚は王族が占めていること、政党が認められていない国も多いことなどから、民主主義が欠如しているといわれる。

女性の地位向上が近代化の指標のひとつであった湾岸諸国では、短期間で女性の教育レベルは飛躍的に向上し、労働・政治参加が促進された。現在では女性の大臣や国会議員も珍しくはなく、多くの女性が社会進出を果たしている。女性の参政権については湾岸諸国ではもっとも早かったオマーンで１９９４年と、法的・政治的権利拡大は他の中東諸国と比べて遅いが、民衆からの強い要望のもとに実現したというよりは、近代化の過程のなかで政府主導で付与されてきた。こうした従来の湾岸のフェミニズムは、トップダウン式の「国家フェミニズム」と説明される。「コスメティック（うわべだけの）・フェミニズム」と揶揄されてはいるが、石油収入を背景とした急激な変化は女性にとって一定の効果があったといってよい。

1979年に国連で採択された女性差別撤廃条約（CEDAW）に対しては、1994年のクウェートを皮切りに、6か国とも批准はしている。ただし、欧州議会域内政策局による報告書によると、いずれの国も「宗教および文化的要因に基づく」留保つきの批准である。具体的には、第9条2節「締約国は、子の国籍に関し、女子に対して男子と平等の権利を与える」にはいずれの国も留保をつけている。近年、湾岸諸国で争点となっているのが、外国人女性と結婚した自国民男性の子には国籍が与えられるのに対し、外国人男性と結婚した自国民女性の子には国籍が与えられない、つまり女性を通じて当該国の国籍を子に継承できないという点である。各国はこの条項に留保をつけることで、こうした男女差別的な法を維持している。このほかにも、移動や居住選択、証言権など法の下での男女平等に関する第15条ついてはクウェートとサウジアラビアを除く4か国が、結婚や家庭に関する女性差別の撤廃に関する第16条についてはサウジアラビアを除く5か国が留保をつけている（European Parliament 2014: 34）。留保の程度や内容をみると、女性の権利を守り、男女平等を目指すCEDAWの影響力が最小限に抑えられていることがわかる。

依然として女性差別的な状況が継続してはいるものの、湾岸では社会運動の組織化が制限されているため、女性権利のための独立したNGOがほとんど存在しない。せいぜい政府主導のあるいは準政府機関が存在する程度で、教育やビジネスなど差し障りのない問題に終始し、センシティブな問題にはノータッチであるなど、活動内容は形骸化している場合が多い。結社の自由がない分、女性の権利を主張する手立てがこれまで制限されていたのである。

2　アラブの春、その後

こうした状況に変化の兆しが見えたのが「アラブの春」、およびそれ以降である。「アラブの春」はそれまで不可視の状態だった、あるいは従属的な存在としてしか描かれてこなかった女性像を一変させ、それ以降、女性運動のあり方が変化したといわれる。湾岸は比較的穏当に「アラブの春」を乗り切ったが、ここでは女性に対する法的権利の制限に対し抵抗運動を示したバハレーンをとりあげたい。

湾岸でもリベラルな国として知られるバハレーンでは、1950年代から女性運動はおこなわれていた。国際機関の働きかけもあり、2009年に家族法が導入された。近代以降、ムスリムにとっての道徳規範であるイスラーム法を立法の源泉として、各国は実定法を制定してきたが、婚姻や離婚、相続についての事項を含む家族法は改革が進まなかった。家族法は女性の地位を決定づけるきわめて重要なものである一方で、イスラーム法との整合性をめぐって論争となることが多かったのである。バハレーンの女性運動について論じたアル゠ワーディーらによれば、家族法が適用されるのはスンナ派のみであり、人口の半分以上を占めるシーア派住民には、世俗化を懸念する宗教界からの強固な反対があったために適用されていない。家族法の制定および全国民への適用は、民衆が要求した民主化や人権の尊重の一部に過ぎないが、政府（王家を含むスンナ派）と反政府（多数派のシーア派）間の対立を象徴する重要な争点であるのと同時に、バハレーン人女性の社会的地位に真の変化をもたらすための闘いであった（AlWadi & Khamis 2018: 67）。

スンナ派への家族法の適用に加え、女性活動家らが訴えたのは、バハレーン人男性と結婚した外国人女性とその子にはバハレーン国籍が与えられる一方で、バハレーン人女性と結婚した外国人男性とその子には同様の権利が認められない点であった。社会保障や参政権のみならず、国が無償提供する土地の取得申請をしたり、教育や就職の面で有利に働いたりするなど、湾岸諸国で国民であることのメリットは多い。バハレーンでは、女性差別的と批判されている国籍法を是正するための改正法の投票が2008年3月におこなわれたが、結局否決された。こうした状況のなか、2011年の2月、民主化や人権の尊重を求め、約20万人が参加する大規模な反政府デモが実施された。チュニジアで始まったいわゆる「アラブの春」の余波が湾岸にも到達したのだった。

チュニジアやエジプトと同様、バハレーンでもフェイスブックやツイッターといったSNSが民衆の動員力となった。先述のアル＝ワーディーらによれば、バハレーンはSNSの利用率が湾岸一である（AlWadi & Khamis 2018: 58）。ジャーナリストやブロガー、写真家たちによるデジタル技術を駆使した情報発信、デモの呼びかけなど、社会変革を求める活動はサイバーアクティヴィズムといわれる。アラブ女性の社会運動に関する論集の編者であるハミースらによれば、こうしたサイバーアクティヴィズムによってジェンダーの領域が再定義されたという（Khamis & Mili 2018: 2）。「アラブの春」で女性が活躍するのは他国にもみられたことだが、バハレーンの場合、女性活動家が新しいリーダーとして重要な役割を担った。ザイナブ・アル＝ハワージャという著名活動家は、数万人のフォロワーをもつツイッターでデモ参加を呼びかけた。政治活動による度重なる逮捕も物ともせず、ハンガーストライキをしたり、警察に1人で立ち向かったりした。彼女が警官に引きずられる姿は国内外のメディアでとりあげられ、多くの共感をよんだ。このほかにも、反政府デモのなかで多くの女性が拘束、投獄され、女性ブロガーが拘束中に死亡する事件まで起きた（AlWadi & Khamis 2018: 59）。国家権力や現政権に対する抵抗者として、逮捕・監禁の危険を顧みず、ときには命をかけ、政治的・社会的改革を求めて行動する女性像はそれまでにはなかったものである。従来の政治的主体としての男性像を覆すに十分な、「リーダー」あるいは「英雄」としての女性の姿がそこにはあった（Khamis & Mili 2018: 3）。

「アラブの春」以降の女性運動をみてみると、主体となったのは女性権利団体ではなく、個人の活動家だったことがわかる。先述のように、湾岸では結社の自由が制限されていることに加え、社会的規範から女性が外に出て社会運動に参加することが難しかった。それが、「アラブの春」を契機に表現の自由を経験したこと、ＳＮＳ普及により女性も公的領域に進出しやすくなったことで、女性が可視化され、困難にも果敢に挑む女性という新しいイメージが提示されたといえる。

3　満足するオマーン人女性たち

上記のように個人による活動が比較的さかんなバハレーンに比べ、カタルやアラブ首長国連邦、オマーンなど、社会運動が起こらない国もある。ここでは、政府主導の「国家フェミニズム」がもっとも奏効しているオマーンをとりあげたい。「アラブの春」でもとくに大きな抵抗運動がなかったオマーンの女性の法的権利とは、どのようなものなのだろうか。

第一に、オマーン人女性は男性と完全に同じ参政権をもっている。限定的ではあるが１９９４年に女性の被選挙権が認められ、２００３年に完全な普通選挙が実現された。女性に参政権が認められたのは湾岸でもっとも早く、湾岸初の女性議員の誕生については、内外から評価されている。第二は、男性後見人制度に関わる権利である。２０１０年、結婚時およびパスポート取得時における男性後見人の承認を不要とした。第三は、土地申請の権利である。もともとオマーン人男性には住宅用地が無償で付与されていたが、同様の権利が２００８年、女性にも与えられた。第四は、法廷における証言の価値を男女平等にした点である。イスラーム法では女性は男性の証言の２分の１の価値しかない。これに対し、オマーンは２００８年、男女の証言の価値を同等と認めた。証言の男女平等性を認めている国は湾岸諸国においてはもちろん、アラブ諸国全体をみてもきわめて稀である。第五は、国籍法に関するものである。２０１４年の国籍法改正により、オマーン人の母親と外国人の父親をもつ子であっても、一定の条件を満たせばオマーン国籍を申請できるようになった。従来はオマーン人男性の子どもだけが対象者であった要件で、湾岸ではオマーンでしか認められていない。

以上の女性の権利に関する法改正は、ほとんどが２０１０年以前、「アラブの春」以前におこなわれている。つまり、民衆からの要求を受けることなく、オマーン政府が「自発的に」おこなった法改正である。オマーンはＣＥＤＡＷ批准の際、イスラーム法に一致しない条項については留保しているものの、証言の価値に男女平等を認めるなど、柔軟に対応しているのである。こうした状況に対し、自分たちが他国と比べるとかなり恵まれていると口にするオマーン人女性は多い。政府、とりわけ国王カーブース（２０２０年1月没）による女性権利の尊重や権利拡大のための取り組みを評価してのことである。

筆者は、２０１９年2月、２００４年から8年間社会開発大臣を務めたシャリーファ・アル＝ヤフヤーイー博士にインタビューをする機会を得た。国王から大臣任命を受けた際、彼女はまだ32歳で、国立大学に勤務する研究者だった。「あの頃は若くて、やる気に満ちあふれていたわ。だからたくさんの改革ができた」と当時を振り返る。ＣＥＤＡＷを批准したり、オマーン女性デーを創設した張本人で、先述した法改正の多くは彼女が在職中に実現した。大臣職を退いた現在も国内のみならず世界各地で女性の権利についての講演をおこなうなど、精力的に活動をしている。シャリーファいわく、改革当時、男性からの反応は非常に厳しかったという。

オマーンに女性権利団体や女性活動家がほとんど存在しないことに対して、シャリーファは「なぜ活動家が必要なのかを考えてみて。男女平等を与えるのは政府の責任。なぜ女性だけが犠牲を払って平等を主張しなくてはならないの？」と語る。オマーンの場合、政府が着実に男女平等に向けての女性の権利拡大をおこなってきた。２０１８年から２０１９年にかけて筆者がジェンダー問題についてインタビューした女性はみな大学を卒業しており、バハレーンはもとより、チュニジアでの女性運動についても認識している。そのうえで、西洋も含め、女性の権利拡大のために闘わなくてはならない国々に同情を寄せており、オマーン人女性は非常に恵まれているというのである。

これは筆者が２０００年から２００１年にかけて、首都マスカットに住む中産階級の女性71名にインタビューした結果とも一致する。アラビア語には存在しない「フェミニズム」という言葉や概念（ここでは男女同権の意）を理解したうえでなお、「自分たちには必要ない」と答えた人が9割以上にのぼったのである（大川 2003）。

4　女性運動不在の理由

このように、オマーンに女性の権利を求める社会運動が不在である理由に、第一には、エジプトやチュニジアに比べ、社会経済的に裕福であることが挙げられる。ほとんどの家庭に外国人メイドがいて家事全般をしてくれるので、女性は仕事と家庭の両立に悩む必要がない。第二に、漸進的に政府が与えてくれてきた権利に対して、オマーン人女性が自らの恵まれた状況に自覚的であるがゆえ、相対的に満足度が高いということが挙げられる。たとえ自分たちに与えられた権利がチュニジアなどのよりリベラルな国と同じ水準ではなくても、である。第三に、そうした状況を生み出す要因でもあるのだが、政府主導のフェミニズムの成功を強調したり、それを実現してきた国王を称賛したりする公式の言説が蔓延しているという事実がある。結果的に、「近隣諸国に比べれば自分たちはましなのだ」という印象を多くの女性が抱いているが、社会運動の不在がそのままオマーン人女性の置かれた状況に問題がないということを意味するわけではない。

それを示すかのように、ごく少数ではあるが、政府による厳しい検閲・監視下にあるオマーン人女性の人権活動家もいる。投獄されたり、国外逃亡したりする者もいるが、それが国内メディアで報じられることはない。オマーンのジェンダー問題を論じたアル゠アズリーによると、政府は、当人のみならず親族にも働きかけ、ときには部族長たるシャイフをも巻き込んで、活動停止の圧力をかけてくるケースもあったという（al-Azri 2013: xvi）。

サウジアラビアでも、自動車運転の権利や後見人制度の廃止を求める女性活動家が少なくない。後見人制度とは、女性の結婚や就労、パスポート取得などに男性親族からの許可を必要とするもので、女性の行動を法的に規制している。女性活動家によるSNSを通じた地道なキャンペーンに加え、女性議員からの助力も得て、2018年、ついに運転が解禁となった。その一方で、こうした活動が「国家に脅威を与えた」として女性活動家の逮捕が相次いだ。近年、国際人権団体によって女性活動家たちの不当な逮捕や拘束中の虐待や性的ハラスメントが公表されるようになり、「改革者」として名を馳せていたムハンマド皇太子による弾圧であるとして、批判が高まっている（Al-Khamri 2018 ほか、湾岸人権センターHPも参照）。2019年8月に海外渡航に男性後見人の許可を不要としたのも、こうした国際世論の高まりへの対応策だったといえよう。このように、サウジアラビアでは女性問題が政治利用される傾向が強い。

オマーンのみならず、湾岸諸国で社会運動が組織されにくいのは、結社の自由が禁止あるいは制限されていることに加え、政府による検閲・処罰が厳しいという事情もある。したがって、個人で活動する以外に道はなく、しかも活動の場がオンラインに限定されてしまっているのだ。当然、似たような状況の湾岸諸国の女性活動家が連帯・団結し、目に見える形で行動することはできない。

おわりに――公式言説と現実の乖離

オマーン政府主導の改革によって女性には比較的多くの権利が与えられてきたことは研究者たちも認めるところである。ただし、これらはあくまでも女性の法的権利の拡大であって、実際の生活において法改正がどの程度女性に有利に働いているかはわからない。たとえば、外国人男性とオマーン人女性のあいだに生まれた子がオマーン国籍を取得することは法的に可能ではあるものの、厳しい条件が設定されているため現実には難しい。男性後見人の許可のない海外渡航は法的には可能であっても、実際には許可なく出ることは社会的に難しい。

法改正を伴う問題とまではいかなくとも、高校3年生でおこなわれる全国統一試験の成績では女子の方が優秀であることから、国内トップの国立大学、とりわけ偏差値の高い理系学部で入学者数を男女同数に設定していたり（つまり男子学生に「ゲタ」をはかせる）、女性は判事になることが認められていなかったりと、女性差別は枚挙にいとまがない。法的側面でいえば、たしかにオマーンの女性は湾岸諸国のなかでもっとも恵まれているが、「女性は家にいるべき」「トップは男性であるべき」といった伝統的規範によって女性の社会進出が疎外されている現実はあるのだ。

女性大臣や女性議員の存在は対外的イメージを向上させるかもしれないが、ごく一部のエリート女性に限られたものである。公的領域の高い地位への女性の登用という目につきやすい成果ではなく、真の改革は家族法の改正である。その意味で、法廷での証言における男女の平等、男性後見人制度の廃止、外国人男性と結婚した女性の子に対するオマーン国籍の付与に踏み切ったオマーンは湾岸のなかでも一歩リードしているといえよう。こうした現状に満足している女性も多く、彼女たちは急激な変化を求めているわけではない。ましてや欧米と同じ「男女平等」を求めてもいない。「差異は優劣ではない」と彼女たちは言う。イスラームが説く「男性と女性は異なる存在、役割」という教義の延長線上には、「実践面でも男女が異なってよい」という解釈がある。彼女たちが今後闘うべきは、欧米と同じレベルでの法的権利の獲得ではなく、伝統的規範に基づく社会的制約や非合理なのかもしれない。

コラム2

サウジアラビア女性の権利と政府のイニシアティブ

ドアー・ザーヘル

（南部真喜子訳）

社会運動は、集団行動の一形態として、不平等や抑圧状態、また社会・政治・経済的あるいは文化的な要求が満たされない状況に対して生まれるものである。それらは共通の政治的課題を追求する、組織化された主体によって成り立つものだ。こうした一般的な社会運動の定義や理論は、サウジアラビアにはあまり当てはまらない。

ムハンマド・ビン・サルマーン皇太子が、サウジアラビアの実質的な政治権力者の地位に就いてからは、その近代化政策とともに、女性に関してもニュースになるようないくつもの社会改革が進められてきた。例えば、女性の自動車運転が2018年6月に解禁されたことはよく知られているだろうが、その他にも映画館の開館やコンサート開催も行われるようになり、男女共にそれらを楽しむことができるようにもなった。超保守的であった王国が大きく変わり始めている。

私はサウジアラビアのリヤドで生まれ育った。リヤドの国立キング・サウド大学で学び、卒業後はキング・ファイサル専門病院で医療事務管理部門の専門家として安定した収入の得られる職に就き、将来のキャリアも約束されていた。しかし29歳の時にひどい交通事故に遭い、若くして早期退職を余儀なくされた。大怪我の手術と治療を日本で受けることになったが、その費用は高額であった。幸運にもサウジアラビア政府の支援を得て、2年間にわたる日本での治療費は全額支給された。さらにその後も政府の奨学金を得て学業を続け、日本の大学で修士号と博士号を取得した。

サウジアラビアのように保守的な社会で育ち、女性に対して多くの制約があるなかで暮らすことは、当時の私たちの世代にとっては当たり前で難しいことではなかった。最大のカルチャーショックを経験したのは２００９年に来日した時のことである。道徳心が高く、その一方で、宗教心の薄い日本社会に移り住んで、私は数か月間、クルアーンや歴史に関する本、社会開発やパブリック・マネジメントの本を多く読んで過ごした。社会がどのように繁栄し、発展していくのかを私なりに理解しようとしていたのだ。そして、政府がもつ社会や文化的発展に対する影響力について気付かされた。

日本で過ごした11年間で、私は人間的にも文化的にも様々な変化を経験して成長したが、同時にサウジアラビア社会が変わっていく様子も目にしてきた。社会変革の第一歩として、政府は２００５年に開設したファハド国王奨学金制度を通じて、何千人もの男女学生やその家族を海外に派遣し、留学を通した異文化体験を奨励してきている。以降、留学生数は年々増加し、２０１８年には14万９７４２人のサウジアラビア人学生が海外に留学している。教育機会の拡充は、男女ともに過去10年以上にわたりサウジアラビアの優先課題であった。奨学金制度や新たな雇用機会は、サウジアラビアの女性やその家族にとって来たる社会変化への備えとなってきた。海外で教育を受けた女性が増えたことで、男女ともに、家庭内から文化的な変化を進められるようになったといえる。２０１１年には、アブドゥッラー前国王によって地方選挙における女性の投票権が許可され、従来は男性だけだった諮問評議会への女性の参加も認められた。この年の統計によると、サウジアラビア人女性の大学卒業者数は男性のそれを上回っている。

2013年におけるサウジアラビア人女性の平均結婚年齢は25歳であった。2017年にはサルマーン国王の決定により、女性は教育や保健医療の公的サービスを後見人の同意なしに受けられるようになった。翌2018年には、女性による自動車運転が解禁され、世界で唯一の女性運転者への規制が撤廃された。この年の職場における女性の割合は20・2%にまで飛躍している。2019年1月には、夫婦の離婚が成立した際に裁判所が女性に対してその判決をテキストメッセージで通知する新制度が定められた。そして同年8月には、サウジアラビア人女性も男性後見人の許可なしで海外に旅行できるようになった。

2019年のG20サミットにおいて、サウジアラビアは「女性のエンパワーメントに関するイニシアティブ」に参加している。会合の目的は男女間の賃金格差の解消や、中小ビジネスへの女性の参加を支援するものであった。

サウジアラビアは、強い経済力を持つ一方で、国民に対しては社会的役割や責任を規定する厳格な宗教法を遵守する「過去から抜け出せない」社会だとしばしば見なされてきた。そのような認識は、女性の権利に関してはとりわけ強い。しかし現実は異なる。サウジアラビア社会は急速に変化しつつあり、現代文化の影響を受けてそれに適応しようとしている。近年、サウジアラビア政府は女性の権利を拡大し、様々な分野や政府の意思決定プロセスに女性を参加させようと、女性のエンパワーメントを促すべく動き始めている。結果的に、サウジアラビア経済における女性参加率は増加してきている。世界から閉ざされた場所にとどまるよりも、サウジアラビア政府はこれらの新たな戦略計画や実践を通じて、社会の変化を実現させつつある。このような着実な進歩を主導しているのが、サウジアラビア・ビジョン2030の立役者でもあるムハンマド・ビン・サルマーン皇太子である。サウジアラビア・ビジョン２０３０は、同国が大きく飛躍するための意欲的かつ実現可能な青写真だと言える。「それは国の長期目標や期待を具体化し、サウジアラビア固有の強さや可能性のもとに構築されたビジョンである。すべての市民が夢や希望、理想を実現し、繁栄する経済のもとで成功する活気ある社会をつくるための、新たな発展段階へと私たちを導いてくれるものである」。これらの社会改革は、少なくとも部分的には、この国の生活様式に、目に見えるかたちの変化をもたらしてきている。

　社会運動によって変化を遂げてきた社会とは異なり、サウジアラビアの場合は、政府主導の下でよく計画され、構築されたビジョンや政策を通して、時間をかけて社会変革のためのステップを重ねてきた。変化が遅いとサウジアラビア政府を非難する声もあるが、この戦略的な計画と実践は評価されるべきだろう。それは、これまでの文化・宗教的価値観を手放すことなく、サウジアラビアという国に変化を受け入れる土壌をつくった。サウジアラビアというイスラーム社会が時代の変化に伴い発展すること、それこそ政府が近い将来に実現しようとしていることなのである。

コラム3

萌芽期のインドネシア女性運動
——近代への試練

小林寧子

世界最大のムスリム人口を擁するインドネシアは、イスラーム世界の他のどの国よりも「イスラームの伝統と近代について知的な対話が行われている」と評されたりする。しかし、イスラームの観点からフェミニズムが議論されるようになったのは1980年代末のことである。そこに至るまでは植民地時代（当時インドネシアは「オランダ領東インド」と呼ばれた）から約1世紀の道程があった。

イスラーム絡みで女性の立場について意見を述べた最初のプリブミ（外来の人々に対する土着の住民、マレー系）女性は、おそらくジャワ貴族出身のカルティニ（1879〜1904）である。オランダの友人あての書簡で、彼の地の「エマンシパシ（解放）」運動への憧れと同時に、貴族家庭の封建的慣習に対する反発や一夫多妻婚（ポリガミ）への嫌悪を綴った。当時オランダ語教育を享受できたプリブミ女性は数えるほどで、自らの考えを表明するカルティニは、周囲のジャワ人からは「化け物」呼ばわりされたという。時代に先んじて孤独に闘ったが、自らも副妻のいる相手と結婚する羽目になり、産褥熱のために25歳の若さで没した。ただし、当時クルアーンはまだ人々の理解できる言葉には翻訳されておらず、一般にはイスラームそのものに関する初歩的な知識も乏しい時代だった。幼い頃カルティニは、意味もわからないのにクルアーンの章句を暗誦させられるのを嫌ったという。

20世紀初頭オランダ植民地政府は、近代教育の普及をひとつの柱とする「倫理政策」を開始した。ローマ字の識字者が増え、プリブミも新聞・雑誌を発行するようになった。その草分けティルトアディスルヨ（1880〜1918）は、バタヴィア（現在のジャカルタ）で女性誌『プトリ・ヒンディア（東インド女性）』も発行した。遠く離れたパダン（西スマトラ）では女性ジャーナリスト、ロハナ・クドゥス（1884〜1972）が『スンティン・ムラユ（ムラユの髪飾り）』を発行し、そこには一夫多妻婚に対する怨念が記されることもあった。こうして女性が自ら置かれた状況について考えるための情報が少しずつ提供されるようになった。また、一夫多妻婚は制限されるべきだという議論も改革派ウラマー（宗教学者）から出始めた。「近代」への対応が熱く期待される機運が生まれてきた時代である。

1920年代になると、「近代」への志向性はさらに強くなり、イスラーム系の雑誌でも女性を語ることが「近代性」の一つの証である風潮が読み取れる。イスラーム圏の他の国、特にトルコの社会的に活躍する女性が紹介され、近代女性の見本のように称賛された。一方、ヨーロッパ人がムスリムの後進性の象徴のようにその女性の地位の低さ、特に一夫多妻を問題視することに、イスラーム指導者は神経質に反応した。オランダは植民地住民の結婚・離婚には人種別、宗教別に婚姻法を制定していたが、ムスリムに対してはイスラーム法による運用を宗教役人に任せるだけで、法を定めなかった。ムスリムから干渉と反発を受けるのを避けたのも一因であった。しかし、植民地政府は一夫多妻には関心を払っていたのか、統計書『東インド報告』には一夫多妻に関するデータも掲載されている。ただし、統計自体が限定的にしか集計されなかったという注意書きも付されており、その数字を鵜呑みにすることはできない。統計が取れない類の問題であった証拠と言える。

出版文化はプリブミの運動とともに隆盛した。1912年にジョクジャカルタ（中部ジャワ）で設立されたイスラーム改革派団体ムハマディヤは、１９１７年にはその女性組織アイシャヤ（アーイシャに従う人々）を発足させた。その名を提案したのは若き指導者ファフロディン（１８８９?〜１９２９）で、預言者の妻アーイシャが賢明で勇気ある理想の女性とされた。アイシヤはその誕生からして男性ばかりのムハマディヤ執行部の発意によるものであった。ファフロディンはムハマディヤの組織拡大のために地方を行脚し、アイシヤの活動家を同行させることもあった。しかし、公の場に出るのを臆する女性にいらだちを隠さず、「アイシヤの指導者は宣教活動に行くのに男に付き添われないと怖がる。遠いパサル（市場）へは平気でものを売りに行くのに。理解に苦しむ」と述べたという。一方では、ファフロディンは、女性は自転車に乗ってはならぬというイスラーム法学見解も出している。必ずしも女性の自律的な活動を望んでいたわけではなさそうだ。

１９３０年、若手が台頭したムハマディヤ指導部は、西スマトラで全国大会を開く際に、アイシヤの会員に演説をさせることを計画した。しかし、土地の有力ウラマーが女性は男性大衆の前に姿をさらしてはならないと反対し、実現できなかった。ムハマディヤはその近代性をアピールする機会を逸したわけだが、そもそも女性を大衆の前で演説させるというのも、女性を宣伝材料にしようとする（男性ばかりの）指導

ジョクジャカルタで発行されたイスラーム系雑誌『デワン（会議）』（１９３０年６月）に掲載されたイラスト。当時ヨーロッパで流行し始めたショートカットの女性を登場させて、その近代性をアピールしたもの

部の「都合」であった。民族団体やイスラーム団体の多くには女子部があったが、アイシヤのように実際は補助的な役割しか期待されていなかったようである。

しかしそれでも、民族主義の高揚を背景に、1928年末に約30の女性団体が参集して第1回インドネシア女性会議が開かれた。登壇者はいずれも結婚における女性の立場や幼児婚、女子教育の問題に共通の関心を示したが、一夫多妻婚については近代教育を享受した女性とイスラーム系団体代表の間で激しい意見の応酬があった。「統一」が優先されて議論は打ち止めになったが、後にアイシヤはその機関誌『スアラ・アイシヤ（アイシヤの声）』に一夫多妻を擁護する論説を掲載した。この問題はその後1937年に、植民地政府がムスリムを対象とした婚姻登録法案を発表したときに、男性論客も巻き込んで大きな騒動となった。

植民地政府がここに至ってムスリムを対象とした婚姻登録法を制定しようとしたのは、インドネシア人男性（ムスリム）と結婚するヨーロッパ人女性を保護するためであったと思われる。公表された法案では、一夫一婦婚が明記されていた。義務ではなく任意の登録とされていたが、これを支持する民族主義者や女性団体は、反対を表明するイスラーム団体に配慮して慎重な姿勢を見せた。しかし、民族主義団体の機関誌『バングン（覚醒）』にジャーナリストのシティ・スマンダリ（1908〜1984）がオランダ語で発表した論説で預言者ムハンマドを「中傷した」ために、イスラーム指導者らの憤激は頂点に達した。メダン（北スマトラ）で発行された雑誌『プドマン・マシャラカット（社会の指針）』では主幹のハムカ（1908〜1981）が厳しい批判を展開し、インドネシア語に抄訳されたばかりのカルティニの書簡集も「反イスラーム」と見なされた。この騒動に窮したのか、その後政府は法案を撤回した。

民族主義指導者とイスラーム指導者の間では、ともに「近代」をめざしつつも、イスラーム法上の女性の立場をめぐって見解が分かれた。そのような状況の中では、せっかく芽の出たイスラーム法学上の新しい議論も展開を阻まれた。従来のイスラームの教義解釈を批判的に再検討すると、女性を解放するだけでなくその力を引き出すこともできる。そういう議論が、女性ウラマーも巻き込んで盛んになるのは、それからさらに半世紀以上も後のことである。

第Ⅱ部

越境する社会運動とジェンダー

第7章

女性をめぐる問題へのトルコの市民社会における取り組み

幸加木 文

1　トルコの市民社会――女性をめぐる問題

トルコは人口の9割強をイスラーム教徒（ムスリム）が占める国だが、街を歩けば、髪を覆わず現代的なファッションに身を包んだ女性と、カラフルなスカーフを被り身体を露出しないイスラーム服を着こなした女性とが連れ立って闊歩する光景を目にすることができる。世俗主義を採ったトルコ共和国では、信仰が個人の裡に留められた結果、スカーフを着用するか否かは、基本的には個人の選択に委ねられており、友人同士でも互いの自由が尊重されてきたためである。その一方、教育機関をはじめ、軍や警察、立法、司法、行政等の公的な場では、宗教的表象として女性のスカーフ着用が禁じられてきた。世俗主義体制の下で規定されてきたこうした禁止を、宗教的な自由および権利の侵害と捉え、その是正を目指した宗教保守派の公正発展党（ＡＫＰ）は、２００２年に政権の座に就いた後、徐々に宗教保守化（イスラーム化）政策を推し進めた。同政権下で、大学や公的な場でのスカーフ着用が段階的に解禁され、２０１３年までには、女性の教師や国会議員、警察官や軍人の勤務中のスカーフ着用が認められるようになった。

しかしながら、こうした公的な場での信仰表現、宗教的表象の解禁の動きが、女性の自由や権利の向上に追い風となったかといえば、必ずしもそうとはいえない。たとえば、人間開発指数（ＨＤＩ）に基づくジェンダーに関する国連の２０１７年のデータによれば、トルコは１８９か国中64位、ジェンダー・ギャップに関する世界経済フォーラムの２０１８年報告書では、１４９か国中１３０位に留まっている。その上、「名誉（ナームス）殺人」と呼ばれる、近親者による女性の殺害や、女性に対する暴力が社会問題化している。女性殺害問題に取り組むトルコの市民社会組織（ＣＳＯ）の調査では、２０１０年以降の８年間で、トルコ全土でおよそ２０００人の女性が夫や交際相手、または男性家族・親族によって殺害され、表面化しないケースも含め、増加傾向にあるという深刻な事態が指摘されている（「フェミサイドを撲滅するためのプラットフォーム」ＨＰ参照）。

他方で、ＡＫＰ政権による宗教保守化政策が進行しているにも関わらず、人々の意識は必ずしも宗教保守化していないことを示すデータがある。２０１８年の世論調査によれば、10年前と比較して、スカーフ着用者の割合が37％から34％に低下、自分を敬虔だと思う人の割合が55％から51％に低下したという（KONDA 2019）。この再世俗化ないしは脱宗教化の傾向は、後述するトルコ社会における女性をめぐる諸問題を見る上でも重要となる。

本章では、ＡＫＰ政権期（２００２年〜現在）に、市民社会において女性をめぐる諸問題に対するどのような取り組みがあったのかを、トルコの著名な世俗派のＣＳＯと宗教保守派のＣＳＯの事例を取り上げて検討してみたい。それぞれの活動とそれらに関わる政治的、社会的相関を通じて、トルコ社会における女性をめぐる問題の諸相を考察していきたい。

2　世俗派の市民社会組織の事例

ハンセン病研究で世界的に著名な女性医学博士であるトゥルキャン・サイラン（1935〜2009）は1989年、世俗派のケマリスト（アタテュルク主義者ともいう）の女性知識人たちと、世俗体制の護持を目的に「現代生活支援協会（ÇYDD）」という世俗派のCSOを設立した。サイランが初代会長を務めたÇYDDは現在、イスタンブルを中心にトルコ国内に110の支部を有し、学校や学生寮、リハビリ施設や文化センター等の設立、奨学金の給付やセミナーおよび会議の開催などの教育普及活動を行っており、特に女子教育に注力している点に特色がある。

2000年代にÇYDDと大手企業の提携によって、「カルデレン（スノードロップス）・プロジェクト」という女子学生への奨学金給付事業が実施された。「カルデレン」というプロジェクト名は、雪の残る早春に芽吹くこの花に、社会の因習や家族の無理解、貧困などによって教育を受けることが困難な状況にあっても、学習意欲のある女子生徒・学生を重ねた呼称である。トルコでは初等教育を受ける女児の割合は比較的高く、15歳以上の女性全体の識字率は約94％（15〜24歳に限定すると99％）であるが、中等教育以上の学業の継続が困難な場合が多く、社会的上昇の道が閉ざされがちとなる問題がある。さらに、男性優位主義、家父長制の風潮が強い上、宗教保守的な価値観が根強い地域では、なおさら女子教育の機会が奪われがちであった。サイランは、医学博士として研究や国内外の医療関連機関での仕事に従事しながら、トルコの村々を巡って「カルデレン」たちを訪ねる地道な活動を行っていた。

他方で、自らを「ケマリスト・フェミニスト」と称したサイランは、宗教保守派の女性たちにとっては新たな自由や権利の獲得を意味していたスカーフ着用の解禁を是とせず、トルコの世俗的価値観が危機に晒されていると警告を発していた。スカーフ着用が個人の選択ではなく、他者に強制される傾向が広がることを恐れたのである。同様に、教育における宗教保守化政策に対しても、洗脳にあたるとして強く反対した。自身が保守的な家庭の軛《くびき》から逃れ、学問によって身を立てた医師であり、トルコの世俗主義の原則に価値を置く世俗派の知識人女性としては、妥協の余地のない一線であったことは想像に難くない。ここに女性の自由や権利、社会的地位の向上を願ってきたサイランの矛盾が見いだせるとも言えるが、他方で２００９年にサイランが死去した後、宗教保守化政策の進行に対する彼女の強硬な反対と疑念は杞憂にとどまらなかったことが明らかとなりつつある。

自宅窓から病身をおして支援者に応えたサイラン。この姿が公に見せた最後となった（2009年）
［出所：www.objektifturkiye.com］

ＡＫＰ政権第三期の２０１１年以降、エルドアン首相（当時）およびＡＫＰ政権が選挙での勝利により自信を深めると同時に、反体制派に対する強権的な傾向を強めていった。例えば、２０１３年にイスタンブル新市街にあるゲズィ公園の再開発問題に端を発する大規模な反政府抗議運動が起きると、政権を批判するさまざまな市民社会アクターに対する圧力が強まり、ÇＹＤＤを始めとする世俗派ＣＳＯは、行政からの助成金を受けられず税制上の優遇措置対象からも除外された。また、２０１６年クーデタ未遂事件が起きると、直後に発出された非常事態宣言により、国家による市民社会への管理統制が一層厳しくなり、ＣＳＯが本来有していた国家権力に対する異議申し立ての力も

Yalnız yürümeyeceksin
Sen de yaz! Kimiz? SSS Destek Yazı & Röportaj
ve ailemin beni sevmeyeceğini düşünüyordum.
Merhabalar. Modern diyebileceğim insanların olduğu bir şehirde, muhafazakar bir ailenin korkak bir çocuğu olarak dünyaya geldim. Allah ve peygamber sevgisi ile büyütüldüm. Kuran kurslarına gittim her sene. Dinimi çok seviyordum, gerçekten. 10 yaşımdayken 5 vakit namaz kılmaya başlamıştım. Ailem, ortaokuldayken "Ne zaman kapanacaksın?" sorusunu sormaya...
Efendi Cemiyeti'nden. Annem 16 yaşında bir çocuk olduğu için onun zihnini kolayca...
Bana biçilen rolün evimde sözde "kraliçelik" ve en büyük kariyerin yalnızca "annelik" olduğunu kabullenmeye
Kabul etmediğim düşünceleri dış görünüşümde yansıtmak bana ağır geliyor.
Kendi zihnimde kabul etmediğim düşünceleri dış görünüşümde yansıtmak bana ağır geliyor. Daha 5-7 yaşlarımda bile ailem bana tunik, etek, elbise giydirirdi. Başıma da bone takardı. Biraz büyüyünce ise tişört giymeme bile izin vermediler. 6. sınıftayken başladı babamın kapanın baskısı. Ablama da bana da çok diretti....

「独りで歩むことはない」のウェブサイトの一部

否応なく低下した。トルコの女性たちが運営する各種ＣＳＯを調査したドイル（Doyle 2017）は、ＡＫＰ政権期にＣＳＯは既存の権利を維持するための闘いに汲々とし、新たな権利獲得に向けた活動は低迷していると指摘した。２０１９年６月、離婚後の扶養手当を受け取る権利に制限を加える法案が提出されると、即座に著名な働く女性１００名が反対の声明を出したが、これも女性が有していた権利の削減への抵抗に過ぎなかった。彼女たちは、ＡＫＰ政権の保守的政策や「女性は男性と対等でない」と強調する大統領の発言が、女性の離婚、相続に関する既存の権利を脅かすだけでなく、女性たちへの差別を助長し、暴力、虐待、レイプ、貧困、殺害としてはね返っていると批判している。

共和国のエリート層だった世俗派が後退し、宗教保守派が伸長したＡＫＰ政権期に、いわば上からの宗教保守化が実施されている一方で、自らスカーフを着用することをやめ、それをソーシャルメディアで表現する女性たちが登場している。例えば、「独りで歩むことはない」と題して開設されたウェブサイトでは、女性たちがスカーフを取ったそれぞれの理由と経験を語り、同じような経験を持つ読者と交流することができる。また、多くの女性たちはスカーフ着用の有無が政治的な意味合いを帯び、与野党間の政争の具にされることにほとほと嫌気がさしているという。女性たちがスカーフ着用をやめるのは、政治化された宗教的行為への抵抗ではなく、自らの主体的選択であり、女性がいかに生きるかを決めるのは女性自身に委ねられるべきだという明確な意思が根底にある。2019年に設立30周年を迎えたÇYDDによる、女子学生10万人への奨学金プロジェクトは、このような自らの意思で生きようとする女性たちを支援する活動であるともいえよう。

3　宗教保守派の市民社会組織の事例

ムスリムが多数を占める国々において民主化の成功例とみなされたトルコのAKP政権と、軌を一にするように勢力を拡大した宗教保守派のCSOの一つがギュレン運動（自称では「ヒズメット」という）であった。ギュレン運動は、イスラーム知識人のフェトゥッラー・ギュレン（1938〔1941年説もある〕～）を中心に1960年代後半に始まり、2000年代にはトルコで最も影響力のある宗教保守派のCSOの一つとして知られていた。だが、2010年代にAKP政権と対立し、2013年12月に当時の現職閣僚4名を含むAKP政権に対する汚職捜査がギュレン派の警察によって実施されると、両者の関係は一層悪化した。ギュレン運動は2016年7月のクーデタ未遂事件の首謀者として徹底的な粛清対象となっており、政治の風向きによって毀誉褒貶相半ばしてきた宗教保守派CSOの一つといえるだろう。

ギュレン運動は、トルコ国内および世界約170か国に多数の学校や各種団体を設立し、若年層に対する教育活動や、災害支援、異文化理解に関する活動等で知られていた。宗教保守派CSOの中でも秘密主義に徹していたギュレン運動の内部は、世界を大陸、地域、国ごとに分け、さらに個々の国内を県や郡、都市、地区等に細分化し、その区分ごとに担当者を据えて、アメリカ在住のギュレンを筆頭とした幹部層からの指示を上意下達する仕組みが構築された。その中で、女性メンバーに対しては、幹部から任命された「アブラ（トルコ語で姉の意）」と呼ばれる女性責任者が、男性メンバーに対しては「アビ（トルコ語で兄の意）」と呼ばれる男性責任者が、上層部からの指示を伝え実行する責任を負った。たとえば、低所得家庭の学生の進学や途上国での学校設立等のために、「ヒムメット」とよばれる寄付金徴収が女性たちを中心に組織的に行われた。またアブラは、女子のためのクルアーン・コースのチューターや運動内部の勉強会、集会における世話役でもあった。さらに、運動内のメンバー同士の結婚が奨励されており、アブラたちが運動内の未婚女性たちのプロフィールを作成し、アビとアブラの臨席の下で当事者が対面するというシステムが用いられた。アブラたちは個人情報を把握し、運動内部の人材維持に重要な役割を果たしていたと考えられる。

他方で、ギュレン運動のおよそ50年に及ぶ活動の間、女性幹部は皆無であり、ギュレンを頂点にした指示命令系統においても男性のアビが女性のアブラより上位であった。このような徹底的な男性優位主義をとる一方、2000年代になってようやく、ギュレン運動は女性メンバーたちのイニシアティブによる活動を認めるメリットに目を向けるようになった。その一例に、日本で活動する女性メンバーによる雑誌『やすらぎ』の刊行が挙げられる。ギュレン運動が刊行していた英語やトルコ語による一般商業雑誌とは異なり、『やすらぎ』は購読者への直販あるいは手渡しをベースとしたいわゆるミニコミ誌だが、上層部からの指示によるのではなく、現場の女性たちの主導によって刊行された点に意義が見いだせる。これは上意下達と男性優位主義が徹底されたギュレン運動においては画期的なことであった。『やすらぎ』には、トルコや日本の女性メンバーや支援者たちによって、ギュレンやその思想的先駆者であるサイード・ヌルスィ（1877〜1960）の説話や記事、詩が日本語に翻訳され掲載された他、エッセーや料理レシピ等、トルコと日本の文化交流にも頁が割かれた。およそ8年間、順調に号を重ねていたが、2010年末に運動上層部からの指示により突如として刊行が打ち切りとなった。長く編集に携わってきた日本在住の女性メンバーたちは、明確な理由が一切明らかにされないまま、唯々諾々と男性幹部の指示に従わざるを得なかったという。

2010年代になると、ギュレン運動はジェンダー問題に取り組む姿勢を外部にアピールするさまざまな取り組みを行うようになった。一例として、同運動の言論・広報活動の中心を担っていた「ジャーナリスト・作家財団」が、傘下の「女性プラットフォーム」を中心に、2014年より国内外の専門家を招き、女性をめぐる諸問題を議論する「イスタンブル・サミット」というフォーラムを開催した。国外では、2012年7月に国連経済社会理事会の総合諮問資格を得て、2016年3月にはニューヨークの国連本部で「第60回女性の地位委員会」に参加するなど、国際的な活動にも注力していたことがうかがえる。

しかし、こうしたギュレン運動のさまざまな試みは、2016年7月クーデタ未遂事件後の粛清によってギュレン運動系諸団体が閉鎖・解体ないしは政府系団体に接収されたことにより終止符が打たれた。だが、国連関連の女性のアドヴォカシー活動の一部は、資金難から規模を大幅に縮小しつつも、米国に別途オフィスを開設していたジャーナリスト・作家財団によって継続されている。トルコ政府の外交的働きかけにより、トルコと経済的関係の強いアフリカ、バルカン、中央アジア諸国などでギュレン運動の活動を禁止する事例が増加している一方、トルコ政府による人権侵害の疑いを抱く欧米諸国では、亡命者を受け入れ、当該国内での運動の自由な活動を認めている。最も活動が活発な国の一つであり、元よりトルコ系移民の多いドイツでは、運動に対する賛否は存在するものの、女性メンバーによるセミナーや異宗教間対話イベントの開催、雑誌刊行といった活動が2016年以降も自由に行える状況にある。しかし、総体として見れば、運動内部にはこれまでの運動の「非民主的」な体制や手法への批判や疑問が生じており、トルコ当局による大規模な粛清による社会的、経済的苦境と相まって、運動メンバーの意識にも変化の兆候がみられている。

前述の通り、トルコ社会においてAKPとギュレン運動はともに宗教保守派である政党とCSOとして、政治と社会における宗教保守化政策を補完し合う関係であった。だが、政争により対立に転じると、双方が宗教や宗教的価値を口実に権力を行使したことの代償のように、特に青年層の間で宗教や信仰、宗教的団体に対する疑念や失望感が広がった（Karslı 2019）。さらに、無神論や理神論、ニヒリズムといった宗教離れの傾向がかつてより観察されるようになっている。トルコの宗教保守派に詳しいジャーナリストのチャクルは、クーデタ未遂事件から3年が経った現在もギュレン運動の影響が払拭できない根本的な原因は、運動に深く関与した議員らが権力に固執し、保身を図った結果だと断じている（Çakır 2019）。AKPとギュレン運動の非対称な対立は、当事者間の権力争いに留まらず、トルコ社会に多大なひずみをもたらす事態となっている。

4　既存の境界を越境する可能性

女性をめぐる問題に関して、トルコの世俗派CSOおよび宗教保守派CSOの活動の事例と、それらがトルコ政治・社会と深い相関関係にあることをみてきた。最後に、世俗派／宗教保守派の二元的区分では捉えがたい、既存の境界や枠組みを越境する市民社会運動の例について検討してみたい。

トルコにおいて政治的立場や種々の団体の別を越えて団結した事例に、「土曜日の母たち」の活動がある。これは、1980年代から90年代に治安当局によって拘留中に行方不明になった息子や夫に関する情報や捜査状況の開示を求める母親や妻たちが、1995年5月にイスタンブル新市街のガラタサライ広場で実施した座り込み運動に始まる。この座り込みは、一時期を除いて毎週土曜日に実施され、2018年8月に700回目を数えており、今日トルコで最長の市民抗議運動となっている。

この運動は、1980年軍事クーデタ以降、クルド労働者党（PKK）と当局の衝突が激化し、社会主義者やクルド系市民の拘束が相次いでいたことが背景にある。ゆえに、座り込みの現場には世俗派やクルド系の政党の議員らが折々に応援に駆け付けていたものの、「土曜日の母たち」は左派系の運動に留まらない包摂性がみられる。たとえば、ギュレン運動の関係者として当局に連行され行方不明になった家族を探す女性たちが「土曜日の母たち」の座り込みに加えられた例がある。「土曜日の母たち」は政府に「テロリスト」と名指しされているギュレン運動関係者を、失踪者・消息不明者を家族に持つという一点で同じ苦境にある人々として受容したと考えられる。この息の長い市民運動に、さまざまな立場や思想・信条の差異を越えた広がりと深化というダイナミズムが生じていることを印象付けた。

また、既存の境界を越え、同時に社会の民主化度を測る試金石の一つでもあるのが、性的マイノリティ（LGBTなど）の権利に関する状況である。トルコの状況はといえば、年々悪化の一途を辿っていると言わざるを得ない。2003年に初めてトルコ最大都市イスタンブルの性的マイノリティのコミュニティによって実施されたプライド・パレードは年を追うごとに大規模になり、性的マイノリティの存在も社会的に可視化されるようになっていた。しかし、当局は性的マイノリティの権利主張が盛り上がるにつれて取

記者会見に臨むKADEMの幹部たち。左から２人目がエルドアン大統領の次女スメイイェ
［出所：www.hurriyet.com.tr］

締りを強化し、２０１５年以降は、パレードを禁止し、許可のないままパレードを強行した人々を催涙ガスや放水車等で容赦なく追い散らすようになった。さらに、性的マイノリティに関するワークショップが「公衆衛生と道徳に反する」と見なされて開催前日に開催停止になったり、パレードに参加した学生が奨学金停止の処罰対象になるなど、露骨な圧力が加えられる例も発生した。

　性的マイノリティに対する宗教保守派の姿勢は、エルドアン大統領の次女スメイイェ・エルドアン・バイラクタル（１９８５〜）が理事を務める宗教保守派のＣＳＯ「女性・民主主義協会（ＫＡＤＥＭ）」が公表した見解にも見ることができる。ＫＡＤＥＭは「同性愛などの傾向は、本来の性質に反し逸脱している。誰もが人権を有しその権利は守られなくてはならないが、この逸脱傾向は我々の信仰と文化的価値観に完全に反している」と述べ、自己の宗教的、文化的価値観が他者の人権に優先するとして憚らない姿勢を示した。他方で、世俗派の姿勢はといえば、建国の父アタテュルクの原則を信奉するアタテュルク主義者たちは、性的マイノリティはアタテュルクが理想とした「現代的で世俗的な民主的国民」ではないと考える傾向があり、性的マイノリティに不寛容な姿勢がみられる。こうした宗教保守派、世俗派双方に見られる偏見や本質論に陥ることなく、性的マイノリティの基本的権利を擁護する視点を社会に根付かせることができるか否かは、共和国建国１００周年となる２０２３年を前に、トルコの「民主化」の達成度を問う目安の一つとなるだろう。

トルコの市民社会には、本稿で着目した問題以外にも、当然ながらさまざまな問題が存在する。近年では、メディアの約9割を政府の管理統制下において政府批判を封じ、クルド問題解決に向けた「平和請願」に署名した学者らへの圧力、政府批判をした学生たちの教育を受ける権利の剝奪、イスラーム以外の宗教的自由の制限などの事例が指摘されている。批判に耳を塞ぎ国民を分断する傾向が、2019年の統一地方選挙でAKPの敗北によって変わるかどうかが今後のトルコの注目点の一つとなっている。地方行政においては、近年、トルコ南東部ガズィアンテプ市の女性市長が女性への暴力撲滅に取り組み、ジェンダー平等における男女の認識改革やジェンダーに配慮した政策の制度化などを推し進め、目覚ましい成果を収めた事例がある。こうした事例を思料しつつ、今後のトルコの市民社会におけるさまざまなアクターによる女性をめぐる問題への取り組みを、トルコの政治と市民社会の相関を踏まえながら、より精密に見てゆくことが求められるだろう。

コラム4

アメリカでヒズメット運動を実践するトルコ人移民の女性たち
――断食明けのニューヨーク

志賀恭子

毎年ラマダーンになると三夜だけ、駅高架下の駐車場スペースは祭りの賑わいになる。ここは、ニューヨーク市クイーンズ行政区サニーサイド地区である。日暮れ前、この駐車場の片隅で礼拝をする人がいるなか、数百人はスパイスの効いたケバブを配っているテントに列をつくっている。色彩豊かな民族衣装を着た人たち、肌の色が違う人たちや、異なる言語を話す人たちが広い会場でイフタール（断食明けを祝う夕食）を共にする。このラマダーン・テントは「ヒズメット運動（奉仕運動）」による活動である。

この長い列を誘導していたギュルとセリン（仮名）は、アメリカで育ったトルコ人移民の2世の姉妹で、熱心にヒズメット運動に参画している。ヒズメット運動は、その指導者のフェトゥッラー・ギュレンが掲げる理念「寛容」「対話」「イスラームと西洋の相互理解」を実践することを目指し、自ら奉仕活動に従事することで神に仕える運動である。この運動は、1960年代にトルコで始まり、1990年代以降アメリカに移植された。トルコ人が集住しているクイーンズ行政区サニーサイド地区でも、トルコにルーツを持つ移民がヒズメット運動の活動に参加している。ニューヨークでの運動参加者は、1990年代～2010年代にトルコから渡米したニューカマーや留学生が大半を占めている。ヒズメット運動がアメリカに到来する以前の移民2世の参加者は少数であるが、しかしこの2人の存在感は大きい。ギュルとセリンはトルコ料理教室の運営や、キリスト教徒やユダヤ教徒の女性と一神教について対話する交流

ヒズメット運動奉仕家たちによるラマダーン・テントには、ムスリムのみならず、多様な文化的背景の人びとが集まる

会を率先して開催している。2人は、今やニューヨークのヒズメット運動の中心人物である。

ニューヨークを襲った2001年9月11日に起きた同時多発テロ事件によって、ムスリムといえばイスラーム過激派というイメージが生まれ、ムスリムへの偏見が広がった。ニューヨークに住むムスリムも、一般市民や警察から偏見や不当な扱いを受けた。ギュルやセリンも、この事件後、差別的なことばを頻繁に浴びせられたという。

そのような経験をしながらも、イフタールの食事で賑わうこの野外のラマダーン・テントを仕切る2人は、そんなニューヨークでこそ現地の人びととの間にイスラーム理解が進むことを願いつつ活動を続けている。2人は、典型的なニューヨーカーの英語で、テンポ良く親しげにこの列に並ぶ人たちに話しかけ、ナツメヤシの実を配っていた。このイベントにたまたま立ち寄ったムスリムではない人たちは、きょとんとした顔でそれを受け取っていた。その様子を見た2人は、ラマダーンについて解説し始めた。その瞬間、列の前にいたスカーフを被った女性が頼まれてもいないのに、一日の断食はどう明かすのか説明し始めた。まず少しの水で口を潤わせ、ナツメヤシの実を一緒に食べることで始まるのだと。そして、その女性も鞄の中からナツメヤシの実を出して周りの人たちにふるまった。それは、ギュルとセリンの地域住民への働きかけが、地元のムスリムの女性を巻き込みつつ、イスラーム文化への理解の輪を少しでも広げようとする活動となった。

アメリカでは、信仰や正義心からボランティア活動をしている人が実に多く、教会が運営するＮＰＯ法人も多い。アメリカは政教分離の世俗国家で、公共の場で特定の宗教だけを優遇することは禁止されている一方、公共の場で信仰を表現することは合衆国憲法修正第１条で認められている。その意味で、フランスやトルコの政教分離とは異なる。彼女たちがイスラームとヒズメット運動の精神をもって奉仕活動に従事しているのも、逆にアメリカであるからこそ可能な面もある。また、こうした活動こそが、アメリカでのイスラーム理解を促すことにつながっていくのではないだろうか。

第８章

戦略としてのトランスナショナリズムとジェンダー
——ヨーロッパとトルコにおけるアレヴィーの事例から

石川真作

１　トランスナショナルな信仰共同体としての「アレヴィー」

本章でとりあげる「アレヴィー」とは、トルコにおけるイスラームの宗派的マイノリティであり、シーア派的な傾向を持つとされている。歴史的には、地域共同体を基盤とし、一般的なイスラームとは大きく異なる信仰形態を持つ人々の総称であった。オスマン帝国時代に一定の影響力をもった「ベクタシー教団」もアレヴィーとの親和性が高く、同一の宗派的グループとして捉えられている。１９２３年のトルコ共和国の建国後、近代化と都市化にともなって多くのアレヴィーが都市に移住し、さらにヨーロッパへの労働移民にも加わった。その間に一部は左翼運動に加わり、１９８０年のクーデター前後に、事実上の亡命者としてヨーロッパにわたった者も多かった。１９７８年のマラシュにおける騒乱事件や、１９９３年のシヴァスでのホテル襲撃事件など、過激なスンニー（スンナ派ムスリム）との軋轢によりしばしば多くの犠牲者を出している。

トルコでの政治活動に関連して行方不明となった人々の家族による運動「土曜日の母たち」に連帯してパリで行われた集会。パリのアレヴィー文化センターの女性部門が参加した（2018年）

アレヴィーの集団は元来、地域共同体ごとの偏差が大きかったとされるが、シヴァスの事件などがきっかけになって、トルコとヨーロッパで組織化が進んだ。トルコには現在、「アレヴィー・ベクタシー連合（ＡＢＦ）」を代表とする政治色が強く政府に批判的なグループと、「ジェム・ワクフ」を代表とする宗教性を重んじ政府に協力的なグループが存在する。ＡＢＦがアレヴィーを独自の文化的主体と位置づけているのに対し、「ジェム・ワクフ」はアレヴィーはイスラームの一部をなすとの見解に立つ。そしてこうした状況に、外部から影響力を行使しようとするのが、「ドイツ・アレヴィー協会連合（ＡＡＢＦ）」を中心とするヨーロッパのアレヴィー諸団体である。

筆者は、これらの団体を通した組織化と統一的なアイデンティティ構築のプロセスを、トランスナショナルな「想像の信仰共同体」の形成プロセスと捉えてきた。そのプロセスは、自らの統一的な「文化」を創造／想像する公共圏の形成であるとともに、国家や国際社会にその存在を主張する「トランスナショナルな社会運動」という側面を持つものでもある。

一方、ヨーロッパのアレヴィー関連団体には必ずと言っていいほど、「女性部門」が設置されている。

この「女性部門」は、3月8日の国際女性デーに各地で集会を開いたり、トルコにおける女性運動への連帯や、女性の健康や日常生活に関する相談などの活動を行っている。本章では、トランスナショナルな様相を見せるアレヴィーの運動におけるジェンダーの問題に焦点を当ててみる。

2 アレヴィーの世界観におけるジェンダー平等の主張

AABFにおいて理論的指導者的な立場にあるイスマイル・カプラン（1950〜）は、ドイツ社会に向けてドイツ語で著したアレヴィーに関する概説書で、ジェンダー平等の理念について一節を割いている。以下、一部を引用したい。

シャリーア［訳者加筆：に基盤をおく］イスラームの信仰上の考えとは正反対にある、アレヴィーの教えの明確な特徴が、男女の平等である。アレヴィーの信仰によれば、神は、すべての人間を平等に作られた。不平等な扱いには何の根拠も、法的宗教的な裏付けもない。アレヴィーの家族は、娘と息子を同等に養育する。

「手と舌と腰に責任を持て［訳者注：盗み、嘘、不貞を慎む、という意味、アレヴィーの心がけとして頻繁に言及される格言］」という根本理念は男女に同等に適用されるため、アレヴィーの女性が、男性の欲望を刺激する存在とみなされることはない。そのため、アレヴィーの女性は、自らを覆い隠し、ヴェールを被る必要はない。伝統的なイスラームとは反対に、アレヴィーの世界観には、男女別々の社会は存在しない。一夫多妻はアレヴィーでは禁止されている。合理的な理由なく、妻と離縁しようとする何者か（男性）は、追放され、場合によっては、共同体から締め出される。

アレヴィーの家族は、息子と娘に対する学校および職業教育を同等に重要視する。ハジュ・ベクタシュ・ヴェリ［訳者注：13世紀に存在したとされ、アレヴィー・ベクタシーの「始祖」とされる聖者］は、「知によって導かれぬ道は、暗闇への道である」「女性に教育を」と言っている。

アレヴィーの女性は、母であり、パートナーであり、姉妹である。彼女らは、あらゆる生活の領域で意思決定に参加する。女性の被り物は、宗教的なテーマではない。ヴェールなしで、集まりに参加できるし、12の奉仕［訳者注：ジェムと呼ばれる儀礼における12の役割］を行うことができる。女性は、議論に参加し自由に考えを表明できるし、批判ができる。歴史上では多くのアレヴィー女性が、コミュニティにおける民俗音楽家、詩人、聖職者であった。アナトリアにおいて、アレヴィーの女性たちは、オスマン朝時代以前に、「ギリシャの姉妹」という名の集団を作っており、それを通して、彼女らは政治的な議論に参加していた。アナトリアで道場を率いた女性たちも多かった。

今日、アレヴィーの女性たちは、あらゆる生活の領域において責任ある働きをしている。そのためには、アレヴィーの少女たちに一般的な教育水準が適用されることが必要である。アレヴィー女性たちは、職業生活に参入することで、社会的地位を向上させるであろう。女性に特有の諸問題の解決も、教育水準の向上を通して、容易になるであろう（Kapran 2004: 89-90）。

このような言説は、アレヴィーの考え方を、トルコで主流であるスンナ派イスラームと対置させて語る典型的な語り口であるといえる。

トルコ出身の社会学者アクデミルは、「ジェンダー関係、特に女性の役割に対する姿勢は、スンニーとアレヴィーのバウンダリーのひとつの柱を構成する。そこでは、アレヴィー社会における女性の比較的良い位置づけが強調される。ヨーロッパのアレヴィーにとっては、このことは受け入れ社会の社会規範に対する適合性と、統合能力を強調する重要な意味を持つ」と指摘している（Akdemir 2017: 178）。イスラームは女性に抑圧的であるという批判があるヨーロッパにおいて、ジェンダー平等の強調は、アレヴィーの「近代性」あるいは「適合性」を示す重要な要素となるというのである。

3　トルコ共和国の「近代化」と女性

このような言説は、必ずしもヨーロッパのアレヴィー・コミュニティに特徴的であるわけではない。建国以来、アレヴィー・コミュニティがトルコ共和国における地歩を築くために、男女の平等性の主張が、理念上重要な役割を担ってきたことがしばしば指摘される。

トルコ共和国は、スンナ派イスラームを国是としたオスマン帝国の後継国家でありながら、イスラームの政治的社会的影響を排除し「世俗主義」を標榜することで、第1次世界大戦後の新たな国際秩序に対応しようとした。建国の父ムスタファ・ケマル（アタテュルク）（1881〜1938）の強力な指導の下、イスラームは国家の根本理念であることをやめ、個人の心の問題にのみ関わるべきとされた。すなわち、イスラームの位置づけを公的領域から私的領域へ移行させることにより、信教の自由を保障する近代国家たろうとしたのである。フェミニスト的視点からアレヴィーの地域共同体を調査している、トルコの人類学者オカンは、このような「世俗主義」の共和国を建国するにあたり、「女性の身体にシンボリックな意味が与えられた」と指摘する。すなわち、ドレス・コードの変更と女性の社会的位置づけの変革によって

「近代化」の可視化がなされた、という指摘である（Okan 2018: 69）。

実際、トルコ共和国建国の直後から、女性の権利拡大に向けた施策が立て続けになされた。イスラーム体制を一掃するために断行されたカリフ制廃止と同じ日、1924年3月3日に制定された「教育統合法」により、宗教的な教育は廃止されるとともに、両性の教育的機会の平等化が図られた。さらに1926年に導入されたスイス民法典をモデルとした民法においては、結婚、離婚、親権、相続などの分野で男女同権が謳われ、女性の職業選択の自由も盛り込まれた。1930年には地方議会、1934年には国会の選挙権および被選挙権が、女性に拡大された。こうして、政治社会経済あらゆる面で男女平等が図られた。それは、「世俗化」によってトルコの「近代化」を可視化する政治的手段のひとつであった。

この時期に、日常生活の細かいところにもシンボリックな変革が求められた。1925年の「帽子法」により、鍔《つば》なしのいわゆるトルコ帽「フェズ」が禁止され、西洋式の鍔付き帽の着用が奨励された。女性に対しては、ヴェール着用の禁止こそなされなかったが、公的な場においてヴェールを着用することは宗教性の発露であり、近代的な女性の服装としてふさわしくない、という感覚が醸成されるようになった。

トルコの女性を対象としたフィールドワークを行ってきた中山は、ヴェールを被るか被らないか、という違いについて、「カパル＝閉じられた」と「アチック＝開かれた」という象徴的な表現が用いられていることに着目している。「開かれている」、すなわち髪の毛を隠さない女性は「近代的」「進歩的」であり、「閉じられている」すなわち髪の毛を隠している女性は「宗教的」「後進的」である、という二分法的表現がしばしば用いられることを指摘したうえで、中山は、普段着としてスカーフを被る習慣のある農村の女性については、このような二分法が当てはまるわけではないことを指摘している（中山 1999）。

アレヴィーにとってはしかし、この二分法は自分たちのアイデンティティを示す重要な言説となっていると考えられる。オカンは、「世俗主義的改革が作り出した、女性を、ヴェールをかぶっているかかぶっていないかで区別し認識するイデオロギー的指標の形成は、アレヴィーとスンニーの女性同士を二極化させた。ヴェールをかぶらない「自由な」アレヴィーの女性とヴェールをかぶったスンニーの女性を対照させるイメージは、改革を支持するアレヴィーとそれに距離を置くスンニー、という違いを強調する象徴的な指標とされた」と指摘する。そして、「女性と男性の平等性を自らの信仰の根本におくというアレヴィーの主張は、新しい国民国家において実現されようとする平等性と重ね合わせられた」とする（Okan 2018: 70-71）。この二分法に基づいて、アレヴィーの女性は「アチック＝開かれた」女性である、という主張が展開されるのである。

このような主張は、共和国におけるアレヴィーの立場とリンクする。ムスタファ・ケマルは、1919年12月にアレヴィー／ベクタシーにとって最も重要な宗教的な場所であるハジュ・ベクタシュ修道場を訪問した。トルコの独立を保たんとする「祖国解放運動」のため、有力な家系の当主と会談、コミュニティによるサポートを得る約束をとりつけたのである。以来アレヴィーのコミュニティは、共和国の理念の熱心な信奉者であるとされる。スンナ派イスラームを国是としたオスマン帝国において周辺化されてきたアレヴィーにとって、「信教の自由」を標榜する共和国の理念は自らを利するものと理解された。そのなかで女性の社会的位置づけをめぐる議論は、その親和性を説明するに格好の要素であった。オカンは、「オスマン朝において周辺化されていたアレヴィーは、共和国の不干渉主義を支持した。イスラームの伝統的な女性に対する認識と対照させると、共和国とアレヴィーの間には、女性と男性の平等ということについて、認識およびレトリックにおける共通性があるといえる。共和国が、男女の平等を社会的政治的に不可欠の要素と位置づけたのに対し、アレヴィーは、その理念がアレヴィーの世界観の中心的な原理であり、アイデンティティの核であることを強調した。このことは、アレヴィーの共和国へのロイヤリティーを強化した」としている（Okan 2018: 69）。

4 「男女平等」言説への批判

オカンは一方で、共和国とアレヴィー・コミュニティが主張するジェンダー平等をいずれも「レトリック」であると断ずる。

オカンによれば、共和国の初期の指導者にとって、「女性の権利への関与は、西洋化と経済発展が目的であった」という。教育機会の平等化は、「国家の発展のため」であり、女性の地位の向上のため」ではなく、その意図は「『裏方の女性』から『有能で便利な妻』への転換にあり、家父長的メンタリティを変革する試みとは言えなかった。次世代に向けた、生物学的再生産の手段から、ナショナルな文化的再生産の手段に転換されただけであった」（Okan 2018: 75）。

さらにオカンは、アレヴィーの地域コミュニティにおける調査に基づいて、実践レベルでの「男女平等」に疑義を唱える。そのポイントは、儀礼、相続、そして暴力である。

ドイツのアレヴィー文化センターで行われたジェム儀礼。左がデデ、右手前が「清掃」の役割をする女性

ジェムと呼ばれる共同体儀礼を主催するのは、男性のデデ（宗教的指導者）のみであり、女性は12の奉仕のうち、浄化をシンボライズした「清掃」役と、男女が組になって行うセマー（儀礼的舞踊）など一部の役割にとどまる。また、供食提供の役割は男性だが、実際の準備は主に女性が行うなど、男女は儀礼の場を共にするが、あくまで男性主導であることが指摘される。ジェム儀礼はコミュニティ内での諸問題をデデの裁可によって解決する場としての意味もあるが、その場面でも女性は不利な立場になる傾向があるという。

ドイツのアレヴィー文化センターにおけるジェム儀礼で、供食のための準備をする女性たち

相続においては、民法で娘にも等分の相続権が認められているにも関わらず、実際には元来の父系出自原理が優先され、女性は不利になることが多い。さらに、男性親族や夫による日常的な暴力にさらされるケースも多くみられ、そのことが、女性の権利主張を難しくもする。これらの状況は、スンナ派ムスリムのコミュニティで女性が直面する困難と変わらないものであり、実際にはトルコに残る家父長制的な雰囲気とアレヴィーのコミュニティが無縁であるとはいえない、とオカンは主張するのである。

では、このような状況はヨーロッパのアレヴィー・コミュニティには当てはまらないのだろうか。オーストリア在住のアレヴィー女性で、社会学者であるアルスランは、ドイツで行われたアレヴィーの若い女性たちのワークショップの報告において、ＡＡＢＦを批判的に描写している。「実際には、男女同権を促進するこの信仰共同体は、実践においては、男女同権をあまりテーマとしない他の社会的グループと大差ない。ＡＡＢＦのアレヴィー成年団体の多くの施設では、男性が常に話し、空間を支配しているが、女性は主に聞き手の役割でいるか、またはキッチンで集うか」である、というのである（Arslan 2018）。実際、筆者がドイツで行ってきた調査においても、多くのアレヴィー団体でこの描写のとおりの状況を目にした。現場において、女性だけで行われる女性部門の会合を見学したり、全体会合やパネル・ディスカッションでゲストのように扱われる女性部門の代表者を見るにつけ、どこか女性が「お客さん」的な立場にあるように見え、複雑な心境になったことも少なくない。ＡＡＢＦ関連のさまざまな組織において女性部門が置かれていること自体、ジェンダー関連の諸問題を取り組むべきテーマと位置づけつつ、組織においては男性優位の状況であることを示しているとも解釈できよう。

5　ジェンダーの問題に与えられた意味

本稿の目的は、アレヴィー・コミュニティにおける女性の地位の実態を問うものではないし、筆者にはそれだけの能力はない。しかし、トランスナショナルな戦略をとるアレヴィー諸団体において、ジェンダーというテーマにどのような意味が与えられているのか、できうる範囲で考えてみたい。

ディアスポラ化を経たアレヴィーは、トランスナショナルな「想像の共同体」を建設し、かつて自らがその建設に貢献したトルコ・ナショナリズムによる「想像の共同体」に対抗するようになった。一方で、「近代性」という視点からジェンダー問題を争点とし、スンナ派イスラームを相対化する手法をとってきた点は、アレヴィーとトルコ共和国双方に共通する戦略でもあった。いずれも、「近代化」をキーワードにすることでヨーロッパ近代的な価値観からの評価を勝ち取ろうとしてきた。ナショナルな空間においては親和性の根拠とされたジェンダー意識が、トランスナショナルな空間においては攻撃材料、あるいはその武器となる、というのはどういう構図によるものなのだろうか。

ナショナリズムによる国家建設の文脈では、共和国の積極的あるいは消極的支持者であったアレヴィーが、トランスナショナルな足場を確保する間に、共和国の状況にも変化が生じ、結果的に共和国政府が抑圧者として相対化されるに至った。その主な争点は、トルコ・ナショナリズムとスンナ派イスラームの結びつきにある。

1980年のクーデターののち、クーデターにいたる社会の混乱は、過度な西洋化と都市化によるトルコ文化の破壊に原因があるとして、中央アジア以来の「伝統」と「イスラーム」に基礎をおいたナショナルな文化の再構築を標榜する「トルコ・イスラーム総合論」が台頭した。そこにおける「イスラーム」とは、すなわちスンナ派イスラームであることは論をまたない。一方、アレヴィー・コミュニティは80年のクーデターで左翼運動に関与したとされる相当数の若年層が国外脱出し、ディアスポラ化が進んだ。彼らが共和国に違和感を抱いたとすれば、その背景にトルコ共和国の公共圏が、「世俗主義」から「トルコ・イスラーム総合論」に傾いたことに関する危惧があったのではないか。民政移管後の80年代を通して「トルコ・イスラーム統合論」が台頭し、一方で、ディアスポラ状況において左翼的なアレヴィーによる運動が活性化するという経緯は、偶然ではあるまい。

トルコ出身の政治学者テクデミルは、この点について、「トルコ共和国によって、アレヴィーに開かれた公共圏が提供された。しかし、1924年に創設され、のちに『トルコ・イスラーム総合論』を主導する『宗務庁』を通して、トルコ・ナショナリズムはスンナ派イスラームとゆるやかに結びついた。トルコ政府は、特にクルド・アレヴィーに対する迫害（デルシム虐殺など）や、集会所や道場などのアレヴィー関連の信仰施設の破壊を行い、アレヴィーに対して宗教的平等性の保証などの直接的な恩恵を与えたわけではない。しかし、アレヴィーは、この体制を自らの存在を保証するものとして支持しつづけた」としている（Tekdemir 2018: 34）。いったん立場が変化すると、このような「迫害」の歴史が、アレヴィー・アイデンティティの核として認識されるようになり、共和国は「抑圧者」として定位されることになる。

状況は、「穏健なイスラーム主義」を掲げて21世紀のトルコでヘゲモニーを握ったＡＫＰ政権の時代に、より複雑化することになる。ＡＫＰ政府は、公式にアレヴィーの信仰や実践について研究し議論する「アレヴィー・ワークショップ」を組織し、「アレヴィーの開放」を唱えて「懐柔」を試みてきた。「アレヴィーはイスラームの一部である」という立場をとる「ジェム・ワクフ」などはそれに同調する一方で、「アレヴィーは独立した文化的主体」であり、イスラーム以前からのアナトリア文化の担い手であると主張する勢力はこれに反発し、アレヴィー内の分裂が露になっている。後者であるＡＡＢＦやトルコ国内の対抗勢力は、宗教教育の義務化への反対とアレヴィー教育の導入要求、ＩＤカードからの宗教欄の削除あるいはアレヴィー表示の正式化、デルシム、マラシュ、シヴァス、その他の「アレヴィー虐殺」の認定などを争点として、運動を続けている。

こうして、アレヴィーと共和国の立場がずれていく中で、ジェンダーの問題は共通項から対立項へ移行した。しかしこの間、必ずしも中心的な論点とはならず、外部に自らの立ち位置を示す「ショーウインドー」的な役割を担わされ続けたといえないか。いわば、外部化された争点として「消費」され続けているのである。そして、このように政治的争点としてジェンダーが「消費」され続けるというのは、世界共通に見られる状況といえないだろうか。

＊本稿に関する調査の一部は、科研費基盤研究（B）「アレヴィー諸集団の境界と認識のコンフリクト及びエスニシティの変容――中東と欧米」（代表者：佐島隆）の助成を受けて行われた。

コラム5

アラーウィー教団のエキュメニカル運動とSDGs

鷹木恵子

私がアラーウィー教団と出会うことになったのは、2004年5月、海外研修先のアルジェでたまたま目にした「今日のスーフィズム」と題した講演会の小さな新聞記事がきっかけであった。アルジェリアでは独立以降、社会主義政権下でスーフィズム（イスラーム神秘主義）は厳しく弾圧されてきたはずだがといぶかしく思いつつ、とりあえず、翌週末、アルジェの小高い丘の上にある文化会館でのその講演会に出かけてみた。講演者は、アラーウィー教団長シャイフ・ハーレド・ベントゥネス。私はきっとイスラーム風の長衣をまとった長老が登場し、スーフィズムの歴史や思想について物静かに語るのだろうと思っていた。

講演会が始まると、なんと登壇したのはどこにでもいそうなネクタイを締めて背広を着た40代半ばくらいのモダンな（?!）男性であった。さらに驚いたのは講演者の語る内容が現代という時代が抱える人類的諸課題や国際情勢などで、そのなかで我々一人一人がいかにスーフィーとして生きていくべきかを問うというものであった。その熱のこもった講演の後、私は自分が抱いていたスーフィズムのイメージがガラガラと壊れていくのを感じた。と同時に深い感銘を受け不思議な満足感に浸りながら帰宅し、その後、この教団と交流をもつようになったのである。この講演会は、アルジェリア独立以降、初めてのスーフィズムに関する公開講演会であったことを後に知ることになった。

アラーウィー教団は、もともと1909年、シャイフ・アフマド・アラーウィー（1869～1934）によって、アルジェリア西部の町ムスタガネムで創設されたイスラームのスーフィー教団である。創設者のアフマドはこの町で生まれたが、子供の頃は貧しく学校へは一日も通ったことがなかったという。しかし父親の手ほどきでコーラン学習を通じて、読み書き能力を身につけたとされる。

青年期、靴などの修理工として働きつつ、スーフィズムに強い関心をもつようになり、当初はイーサーウィー教団の団員となって毒蛇を操ることなどに夢中になっていた。しかしある日、ダルカーウィー教団のシャイフ・ブー・ズィーディーと邂逅し、「自らの心の中にある猛毒の大蛇を操ることができてこそ、真の賢者である」と諭され、自分の愚かさに気づき、その後はシャイフ・ブー・ズィーディーに師事し、ダルカーウィー教団において長く修行を続けた。やがて師の死後、ダルカーウィー教団長となるが、その後、自らの教団アラーウィー教団を創設することとなった。

アラーウィー教団のスーフィズム思想の特徴は、他のスーフィー教団とも共通する部分があろうが、修行を通じて、人の属性を越えて、神の世界へと導かれていくところにある。普段の生活における人と人との関係は、自他の違いを認識した「私とあなた（anā wa anta）」という関係にあるが、修行が進むにしたがって、それは「私　あなた（anā anta）」、すなわち自他の境界が溶解し、自他の喜怒哀楽がそのまま共有される段階へと進んでいく。さらに修行の究極的段階ではその自他の意識すらも消滅し、ただ神のみが存在する世界、「私もあなたもなく、ただアッラーのみ（lā anā wa lā anta innamā Allah）」という精神的状態に至るとされている。

こうしたアラーウィー教団のスーフィズム思想は、宗教や宗派、人種や民族、国籍や性別や社会階層など、さまざまな人間の属性を超えた普遍的な兄弟愛や人類の平和共存を唱導するものであり、教団ではそれをエキュメニズムとも称している。次の一つのエピソードは、そのような特徴をよく物語っているものである。1926年、シャイフ・アフマド・アラーウィーは、パリの大モスクの竣工式で記念すべきその最初の説教を行った。その説教に感銘を受けたキリスト教の司祭の一人が、「あなたは、どこの大学で学ばれたのですか」と質問したのに対して、シャイフは「サイードナー・イーサー（われらが主イエス）と同じところですよ」と答えたという。

実際にシャイフ・アラーウィーには、マルティン・リングス、フルッチョフ・シオン、ルネ・ゲノンといった、西欧出身の名高い弟子たちもいた。そしてアラーウィー教団は、シャイフ存命中にすでにアラブ諸国のみならず、サハラ以南のアフリカや、また西欧諸国にも多くのマグリブ移民の弟子らも含め、トランスナショナルかつトランスエスニックな教団ネットワークを形成していた。

そして今日、アラーウィー教団の第4代目の現シャイフ・ハーレド・ベントゥネスもまた、エキュメニカルな思想を継承し、世界を股がけ、平和で寛容なイスラームを説き、宗教間対話活動を行っている。シャイフ・ベントゥネスは、聖典を文字通りに理解するイスラームではなく、それぞれの時代に応じた解釈を施し実践していくイスラームを説き、1991年には健全な若者育成に向けフランスでムスリム・スカウトを結成し、2001年には国際NGO、AISA（スーフィー・アラーウィーヤ国際協会）も創設している。

実際にその活動は、従来のスーフィー道の宗教的修業に加えて、持続可能な開発（SDGs）や環境保護、ジェンダー平等などの領域へと広げてきている。AISAは、2014年には国連のECSOC（経済社会理事会）の特別協議資格の地位も取得した。そしてジェンダーに関しては、アラーウィー教団は以前から男女平等の志向が強く、儀礼も男女ともに同じ空間で行ってきたが、現在ではさらに女性イマームの存在も認めている。

　2014年からは、人類の平和共存に向けて、国連に「国際平和共存デー（IDLTP: International Day of Living Together in Peace）」の設置を要請する国際キャンペーンを開始した。そしてそれは、多くの署名運動や世界の要人や主要機関への働きかけなどを経て、その3年後、2017年12月7日の国連総会において、ほぼ満場一致で採択される（5月16日に制定）という成果へと結実することとなった。

　このようなアラーウィー教団の運動は、確かに一つのスーフィー教団の事例に過ぎない。しかし、その人類兄弟愛や平和共生を目指す、エキュメニカルな活動は、今や国連のSDGsの理念とも歩調を合わせ、国籍や民族や人種、宗教・宗派、性別や階層などの境界や差異を越境し、人類の共通課題に向けて協働するようになっている。

国連「国際平和共生デー」の開設に向けてのキャンペーン（パリにて）
［出所：http://aisa-ong.org/news/］

第9章

アメリカにおける若者世代のコミュニティ形成と社会運動

高橋 圭

はじめに

2005年3月18日ニューヨークで、女性がイマームを務める男女混合の金曜礼拝が実施され、大きな物議をかもした。女性が集団礼拝を先導した例は過去にもあるが、ニューヨークの礼拝にはこれまでにない大きな反響があり、アメリカ国内外のムスリムの間で激しい論争を巻き起こすことになる。

一般にこのニューヨークの礼拝については、女性がイマームを務めることの正統性をめぐるイスラーム解釈の論争が注目されてきた。しかし、むしろそこには、より具体的にアメリカのムスリム社会で女性が周縁化されてきた状況に対する抗議運動としての性格があったことを理解する必要がある。礼拝の主催者アスラー・ノーマーニー（1965〜）はアメリカのモスクの多くがもっぱら男性のみによって運営され、女性がしばしば空間的にも排除されてきた状況に抗議し、男性用礼拝スペースでの女性の礼拝を強行する運動を推進してきた人物であった。ニューヨークの礼拝は、少なくとも彼女の立場からすると、こうしたアメリカのモスクの現状を改善するための取り組みの延長線上に位置づけられるものであった。

この礼拝が実施された２０００年代は、アメリカのムスリム社会の抱える問題が徐々に注目されるようになっていった時期にあたる。多くのモスクが移民男性によって牛耳られ、女性や若者、改宗者などがそこから排除されてきたことが、ここに至って「問題」として認識されるようになっていた。ニューヨークの礼拝は、こうした文脈でなされた「問題提起」として、ムスリム社会全体に大きなインパクトを与える出来事であったと評価することができる。

男女混合礼拝運動は、その後も「進歩的ムスリム（Progressive Muslims）」を自称するリベラル志向の団体や活動家たちに引き継がれ、現在もその取り組みは継続されている。とはいえ、現状ではこの運動がアメリカのムスリムの間に広く支持されているとは言い難い。むしろ、これは既存のムスリム・コミュニティへの対決姿勢を強め、保守的なイスラームに対峙する「リベラルなイスラーム」を掲げる極めてイデオロギー色の強い運動として先鋭化していくことになる。しかしながら、そこで提唱された「リベラルなイスラーム」は多数派のムスリムに受け入れられるものとはならず、結果としてこの運動は逆に孤立化を深めているように見える。

他方で、アメリカのムスリム社会の現状に対する批判意識を共有しつつも、男女混合礼拝のような抗議運動という形ではなく、コミュニティ活動を通じて女性や若者のエンパワーメントを図る動きが近年目立ってきている。そこでは、既存のモスクとは一線を画す、若者たちを主体とする新しいタイプのコミュニティ団体が創設され、そうした場を拠点とする宗教実践、教育、社会活動などが展開されている。本章では、こうした新しいコミュニティの形成活動に注目しながら、現代アメリカの若者世代ムスリムの社会運動の一端を明らかにしてみたい。

1　アメリカのムスリム社会

若者世代のコミュニティ運動の盛り上がりの背景を理解するために、まずは歴史的な流れを押さえながらアメリカのムスリム社会の抱える問題を確認してみよう。アメリカへの移民ムスリムの流入が本格化するのは、1965年の移民法改正によってヨーロッパ以外の地域からの移民の制限が撤廃されて以降となる。移民ムスリムの出身地は世界各地に及び、その多様性を反映して、アメリカには民族出自や出身地域ごとに異なる性格を備えたローカルなムスリム・コミュニティが形成されていく。こうした移民の増加の結果、特に70年代以降アメリカのムスリム社会は急激な規模の拡大と多様化を経験することになった。

歴史的にアメリカに移住した移民は教会など宗教施設を核としてコミュニティを形成していったが、これはムスリムも例外ではない。本来は礼拝のために集まる場という以上の機能を必ずしも備えていなかったモスクは、アメリカでは移民ムスリムの民族コミュニティの核として重要な役割を果たすようになる。

このように民族集団ごとにまとまったムスリム・コミュニティでは、移民たちが本国から持ち込んだ生活様式や習慣が維持されることになるが、これはそのままモスクの性格やそこで行われる宗教実践のあり方にも反映されることになる。例えばパキスタン系モスク、イエメン系モスクなど、しばしば移民の出身国の名前を冠して呼ばれる多くのモスクは、イマームをはじめとして聴衆の多数派が特定の民族集団からなり、例えばフトバ（説教）で用いられる言語やその内容を含めて、本国の宗教実践ができるだけ再現されることになる。

他方で、こうしたコミュニティで再現・維持される本国の生活様式、習慣、宗教実践は、ホスト社会の文化を内在化して育ってきた改宗者や移民第二世代といった「アメリカ育ち」のムスリムにとってはそのままでは受け入れ難いものであった。また往々にして、モスクの運営を担う移民第一世代はこうした若者たちの抱える葛藤を理解することができず、適切な支援を提供することもできなかった。こうして、若者世代のムスリムたちは親世代が取り仕切るモスク・コミュニティから疎外されていくことになる。

また、モスクがもっぱら男性の場として機能し、女性がモスクで礼拝することが一般的ではない地域からやって来た移民のコミュニティでは、本国と同様に女性の来訪がほとんど想定されない空間設計や実践がなされるモスクも創られていった。前述のように、モスクが礼拝の場に留まらず、民族コミュニティの核としての役割を一元的に担うようになった移住先のアメリカでは、モスクからの女性の排除はそのままコミュニティ自体からの女性の排除に直結する問題となっていく。アメリカのムスリム社会における女性の待遇をめぐる抗議運動が、特にモスクの礼拝を焦点に展開した背景を、ここに見出すことができる。

2000年代頃からは、こうしたアメリカのムスリム社会内部の分断や格差を問題視する声が高まりを見せるようになっていった。この時期に問題が可視化されていった背景は多岐にわたるが、その大きな要因の一つに、移民ムスリムのもとで生まれた子供たちが、1990年代頃から成人を迎えるようになっていった事実を挙げることができるだろう。これに、一貫して増加の続く改宗者やさらにはその第二世代も加わり、2000年に入る頃には、アメリカのムスリム社会全体に占めるアメリカ育ちの若者の割合は無視できない数となっていった。そして、これらの若者ムスリムたちを主体にして、移民ムスリムがヘゲモニーを握る既存のモスク・コミュニティに対する不満や抗議の運動が展開されていくことになる。

男女混合礼拝運動もまたこうした抗議運動の一つであり、冒頭に述べたように、問題提起としては重要な意義があった。しかしながら、特定のイデオロギー的立場に立つ活動家や団体が先導するこの運動は急進化し、結果として当事者の女性たちも含めて、アメリカに暮らす多様なムスリムがむしろ取り残されていくことになったと言えるだろう。

2　若者ムスリムのコミュニティ形成

近年全米各地の若者世代のムスリムの間で、既存のモスクとは異なる新たな形のコミュニティ形成の動きが盛り上がっている。多くがコミュニティ・センターという形態を取っており、一義的には礼拝の場であるモスクとは異なり、地域のムスリムの必要を満たすさまざまなサービスを提供する場として作られていることが特徴的である。活動を推進する個人や団体の思想的立場は多様であり、また互いに連携を取って活動をしているわけでもなく、その点で同じイデオロギーを共有する「運動」として展開しているわけではない。むしろ、これらの活動では、あえて特定の思想やイデオロギーを前面に掲げることを避け、その出自や志向に関わらずどんなムスリムでも参加できる「包括的な（inclusive）」な場の実現を目指している点に最大の特徴がある。そしてこの「包括性」こそが、地域ローカルな取り組みとして個別に進められているコミュニティ形成活動を、共通の目標を掲げる「運動」として把握するためのキーワードとなる。

このコミュニティ運動は、男女混合礼拝運動のような抗議運動として展開しているわけではない。しかしながら、包括的な場をうたうこの運動が、それを実現できてこなかった既存のムスリム・コミュニティへの強い批判意識を共有しながら展開していることは明らかである。他方で、男女混合礼拝運動とは対照的に、このコミュニティ運動は若者世代を中心に広く支持層を獲得し、ムスリム社会全体に着実に浸透しつつある。

以下では、カリフォルニア州フリーモント市を拠点に活動するタアリーフ・コレクティブ（Ta'leef Collective、以下TC）というコミュニティ団体を事例に取り上げて、この運動がどのようにして若者を取り込みつつムスリム社会への拡大に「成功」しているのかを考えていきたい。

3　タアリーフ・コレクティブ（TC）

TCは2005年にアメリカ人の改宗ムスリムであるウサーマ・カノン（1977〜）によって創設されたコミュニティ団体である。2009年にはフリーモントに本部を設け、そこを拠点に主にサンフランシスコ・ベイエリアに暮らすムスリムをターゲットとしたさまざまな活動を展開してきた。なお2010年にはシカゴにも支部を設けているが、本稿ではもっぱらフリーモントの事例に焦点を当てて論じていく。

それでは、まずはTCが何を目指す団体であるのかを確認してみよう。団体のホームページにはその「使命」が簡潔に述べられている。

　イスラームの健全な理解、実践、自覚を可能にするために必要な場、内容、交流を提供すること。タアリーフは、霊的な道を歩んだり、あるいは人生の行路にある人々が、非難されるこ

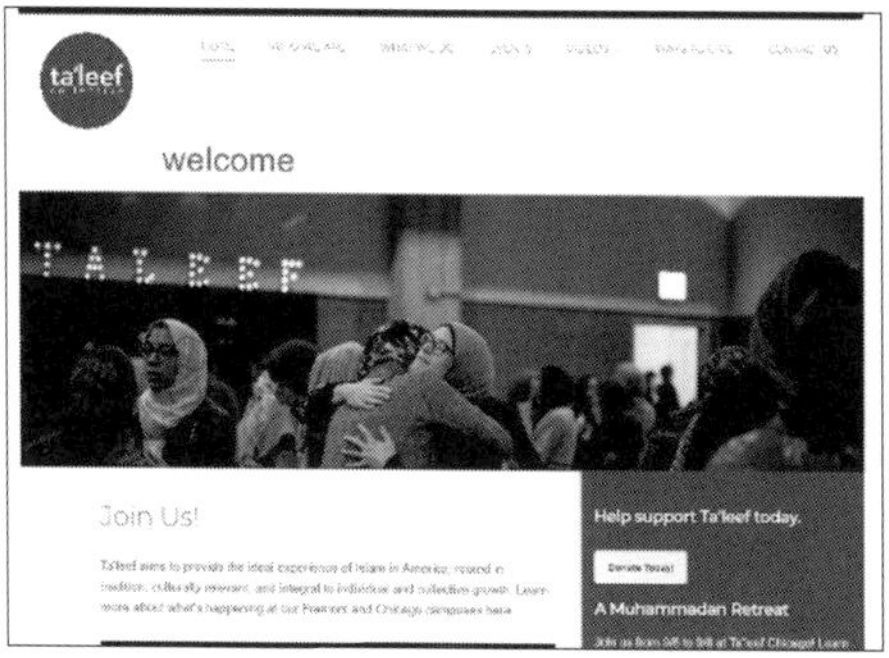

タアリーフ・コレクティブ
https://www.taleefcollective.org/

となく、本当に心地よいやり方で歓迎され、出会える場を実現するというユニークな課題に取り組むために創設された。アラビア語の言葉であるタアリーフとは、「調停する」「呼び集める」という意味である。私たちは、近場からも遠方からもやって来る人々（若者、家族、元囚人、ムスリム、信仰を求める者、真実を求める者、単に人との確かなつながりを求める者）が集まる愛される組織が「歓迎される我が家」であるために、これがふさわしい名前であると感じている。私たちの標語「あるがままのイスラームに、ありのままのあなたでやって来なさい」は、このことをすべて言い表している。

このメッセージには、若者のコミュニティ運動を特徴づける「包括的な」場の提供という目標が明確に示されている。すなわち、TCは、その出自や志向に関わらずどんなムスリムでも――さらにはイスラームに関心のある非ムスリムも――参加できるようなコミュニティを目指して創られた団体であるとまずは定義することができる。

そして少なくとも現在まで、TCは実際に多くのムスリムが訪れるコミュニティ・センターとして順調に成長を続けている。TCが毎年発表している年次報告書からは具体的な数字で団体の規模や活動を確認することができる。例えば2017年の報告書によれば、年間の訪問者の数は3万人以上にのぼり（データはフリーモントとシカゴ両方を加えた数字、以下同様）、TCが主催するラマダーンのイフタール（週1回、計4回開催）には3000人の参加があった。またこの年は54名がTCを通じてイスラームに改宗し、650人以上が後述する新規改宗者プログラムにも参加したことが報告されている。TCの活動資金の大半は賛同者からの寄付によるものであるが、これも毎年増加を続けており、それに応じて団体のプログラムやイベントの規模や種類も拡大している。2018年現在は15名の専任スタッフと10名のパートタイム・スタッフを抱えており、これに103名のボランティアが加わって、プログラムやイベントの運営を行っている。

また参加者の多様性という観点でも、この団体の目標はおおむね達成されていると言える。筆者がこの団体を訪れて行った調査でも、若者世代が多数派を占めつつも、訪問者の年齢層や民族出自の多様性を確認することができ、また男女比にも大きな偏りは見られなかった。また筆者がサンフランシスコ・ベイエリアで訪問したさまざまなモスクやイスラーム団体のほとんどでTCの存在は認知されており、またその多くでこの団体は多様なムスリムを受け入れる「進歩的な（progressive）」コミュニティとしておおむね肯定的に評価されていた。

こうしたTCの「進歩的な」特徴は全米のメディアからも注目されている。例えば2011年にはCNNがTCについて報道し、この団体を「タトゥーやイヤリングを身に着けた人々や、さまざまな髪の色の人々が集まる場」と形容している。この報道はTCのブログにも好意的に報告されており、この団体が多様性の実現とそれに対する外からの評価を強く意識していることをうかがうことができる。

他方でTCが立脚するイスラームの解釈に注目すると、それが必ずしも多様性を受容する教えを説くものではないことが明らかとなる。創設者のカノンはスンナ派伝統主義の立場に立つ人物であり、その思想は団体の提供する教育プログラムなどにも垣間見ることができる。例えば、筆者も参加した一般向けのイスラーム入門クラスでは、スンナ派古典法学と神学の枠組みに沿った極めて「保守的な」イスラーム解釈が説かれており、そこには多様性を認めるような「進歩的な」解釈の余地はほとんど見られなかった。なおこのクラスで使用されるテキストの内容も、服装なども含めたムスリムのあらゆる生活様式をスンナに倣ったものにすることを説くものであり、そこではタトゥーを入れることも明確にハラーム（違法）であると記述されている。

したがって、TCが多様性を受け入れるコミュニティとして成功している要因はその思想やイデオロギーに由来するものではなく、むしろ活動や組織の在り方にあると考えることができる。そこで以下では具体的な活動内容と組織形態を見ながら、その要因を探っていきたい。

4 若者ムスリムの「社会参加／社会復帰」

まず、地域のコミュニティ・センターとして、TCはさまざまなイベントを定期的に開催している。具体的には、カノンをはじめとする学者や教師の講演会、各種セミナー、バーベキュー大会、ラマダーンのイフタールなどがある。これらはもっぱら近隣のムスリムに向けた一般的なイベントであり、既存のモスクなどでも実施されている類のもので、それ自身には目新しさはない。

こうした一般向けのイベントとは別に、TCはいくつかの教育・支援プログラムを提供している。これらは他のモスクや団体とは一線を画すTC独自の活動として重要である。2019年10月現在、①Convert Care ②Inheritors ③Re-entry ④Academy ⑤Living & Learning ⑥Wellness の六つのプログラムが用意されている。ここでは特に①〜④の四つのプログラムに焦点を絞って、その内容と特徴を見

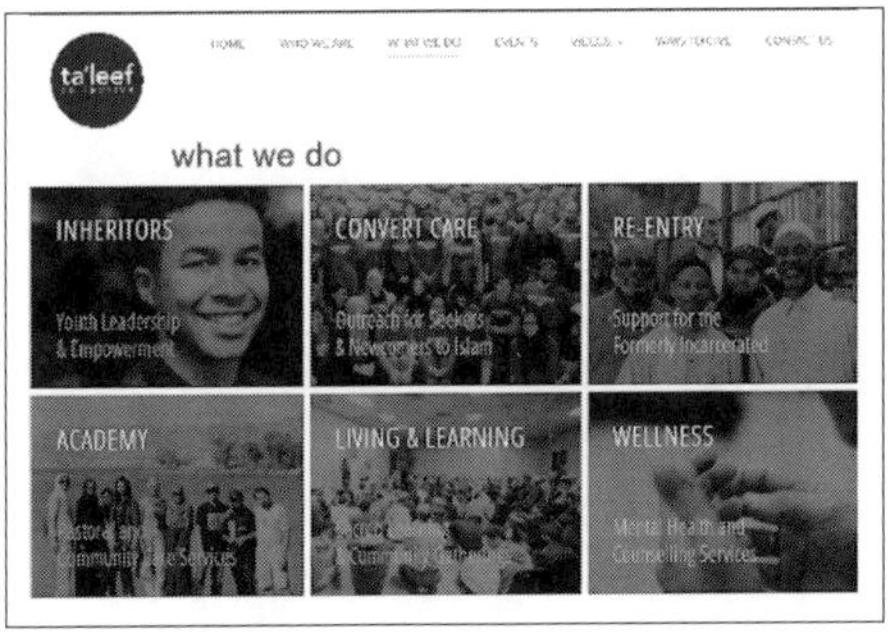

TC のプログラム
https://www.taleefcollective.org/what-we-do/

ていこう。

①は新規改宗者向けの教育プログラムであり、ここでイスラームの基本教義や宗教実践の方法などを一から学ぶことができるようになっている。②は13歳から18歳までの若者を対象とする教育プログラムであり、そこでは宗教的な知識の学習に加えて、感情知能や社会的スキルの育成も取り組まれている。一方、③は元囚人の社会復帰プログラムであり、経済的な支援、住宅の提供、サポートグループの組織などを行っている。なおプログラムのターゲットである元囚人の大多数は、収監中に改宗したアメリカ黒人のムスリムたちである。

これらの三つのプログラムに共通するのは、いずれもアメリカ育ちのムスリムの特に若者を対象として、彼女たち／彼らの「社会化」をテーマとしている点にある。すなわち、移民第一世代を中心とする既存のムスリム・コミュニティで周縁化されてきた改宗者や移民第二世代が、そこに参加／復帰するために必要な知識やスキルを学ぶことが、これらのプログラムの目的であると考えられる。

④はコミュニティ・リーダーの養成プログラムである。理論の学習と実地研修を通じて、コミュニティ活動を推進するためのさまざまなスキルを学ぶことができるようになっている。ここで重要な点は、これがTCのスタッフ養成を目指すプログラムではないということである。むしろここで学んだ人々には、地元のモスクに戻って活躍する、あるいは別のコミュニティ団体を立ち上げてムスリム社会全体に貢献することが期待されている。すなわち、TCでコミュニティ活動のノウハウを身に着けた人材を、ムスリム社会に「送り出す」ことがこのプログラムの最終的な目標であると解釈することができる。

5　サードプレイス

次に、ＴＣの組織面の特徴を見てみよう。特にその「空間」に注目すると、ＴＣには他のイスラーム団体には見られない特異な性格を認めることができる。それはこの団体にモスクの機能が併設されていない点である。フリーモントの施設はイベントやプログラムを行う二つの多目的ホールといくつかの小部屋からなるが、特に礼拝のために割り当てられた部屋は存在しない。礼拝の時間になると、希望者たちがホールの片隅などに集まって礼拝をすることになる。しかし、儀礼の一部であるアザーンを形式的に行う以外は礼拝への参加が促されることはなく、参加しない人たちは同じ部屋で、時に談笑をしながら、礼拝の終了を待つという状況が見られる。

またＴＣでは金曜の集団礼拝が実施されることもない。なおイフタールの際には、食事前に日没の礼拝を挟むことになるが、希望者は近くのモスクに行って礼拝をすることになる。このモスクはＴＣとは組織的なつながりはなく、イフタールの会場で特に礼拝開始のアナウンスがなされることもない。

TC フリーモントの多目的ホール（2016年）

このように、ＴＣではそこがあえて礼拝の場とならないようなさまざまな配慮がなされている。施設のホールにはクルアーンを含めて通常モスクが備えているようなものは一切置かれておらず、また（男子）洗面所内にもウドゥー（礼拝前の清め）のための設備は設けられていない。

別の多目的ホールでのイフタールの様子（2017年）

フリーモントの施設は特定の目的を持たない「何もない」空間だけで構成されていると言えるだろう。

では、TCのこうした空間設計にはどのような意図が込められているのだろうか。ここで、かつてカノンがTCを形容する表現として「サードプレイス」という概念を提示した事実に注目してみたい。

サードプレイスとは、アメリカの社会学者オルデンバーグが提唱した概念である。彼は、アメリカにおける地域コミュニティの崩壊を問題視し、その再生のためには自宅（第一の場）と職場（第二の場）に加えた第三の場が必要であると論じた。サードプレイスとは近所のカフェや居酒屋といった人々が何気なく集い付き合いを楽しむ場であり、かつてはアメリカにもこうした場が多くあったものの、郊外の発展に伴い、自宅と職場を車で行き来するだけの生活様式が定着する中で、それらは廃れていった。しかしこれはアメリカ人が孤立化し疎外される状況を生み、さまざまな社会問題の根本的な要因になっている。これを克服するためにはサードプレイスを取り戻す必要がある、というのがオルデンバーグの議論の概要である（オルデンバーグ 2017）。

カノンはこの概念をアメリカのムスリム社会の文脈に適用し、その実践の具体的な形としてTCを創設したと解釈することができる。ただしこの場合、第二の場とは職場ではなくモスクを中心とする既存のムスリム・コミュニティということになる。アメリカのムスリム社会がモスク・コミュニティごとに分断化し、改宗者や移民第二世代などの若者が行き場を失って周縁化されてきた状況を克服する処方箋として、彼はモスク以外にムスリムが集うことのできる「サードプレイス（第三の場）」に注目したと考えることができる。

これまでに紹介した、ＴＣの独特な活動や空間設計の意図や効果は、このサードプレイスという概念に注目することで、より明確に理解することができる。すなわち、第三の場であるＴＣが目指すのは、第二の場である既存のモスク・コミュニティに「取って代わる」ことではなく、むしろそれらを「補完する」ことにある。これまで見てきたように、ＴＣが提供するプログラムはいずれも若者ムスリムを既存のコミュニティに「参加／復帰させる」「送り出す」ことを目的とするものである。そしてこうした「補完的な」仕事を通じて、結果的には既存のコミュニティが多様なムスリムを受け入れるような場へと変革することを目指していると解釈することができる。

そしてこうした「補完的な」機能を果たす以上、「サードプレイス」自体は既存のコミュニティと競合するような性格を持ってはいけない。これがＴＣがあえてモスクの機能を備えていない理由であると考えられる。それ自身がモスクの機能を持つと、例えばＴＣは「スンナ派伝統主義」を掲げる「モスク・コミュニティ」になってしまい、他のモスク・コミュニティと競合・対立してしまうからである。「何もない空間」という性格を保持することで、ＴＣはムスリム社会の中で中立性を保ち、誰もが参加できる場を実現していると言えるだろう。

おわりに

以上、ＴＣが多様なムスリムを受け入れる「包括的な」場として成功を収めてきた要因は、それが既存のムスリム・コミュニティとは競合しない第三の場として自らを位置づけながら活動を展開してきたことにあったと、結論づけることができる。同時に、この団体が、宗教知識や社会的スキル、コミュニティ活動のノウハウなどを若者ムスリムが身に着けて既存のコミュニティに「参加／復帰する」ための準備をする場としての役割を担っていることも明らかとなった。こうした若者ムスリムの「社会化」の取り組みは、一義的には周縁化されてきた若者の救済を目指すものであるが、同時に、ＴＣのより重要な狙いは、そこで育成した人材を送り出すことで、アメリカのムスリム社会そのものをより多様性に開かれた社会に変革させるという運動にあると考えることができる。

アメリカ・女性モスク
https://womensmosque.com/

このように、ＴＣの事例に示された若者世代のコミュニティ運動は、既存の抗議運動のように特定の思想やイデオロギーを戦わせる運動ではない。むしろ思想やイデオロギーを極力排し、そうした差異を越えたコミュニティの形成を通じてムスリム社会の変革を目指すというユニークな社会運動として展開し、多様なムスリムを惹きつけることに成功していると言えるだろう。

そして、最近ではこの手法を採用した女性運動の盛り上がりも確認することができる。例えば、２０１５年にロサンゼルスに創設された、女性イマームによる女性だけの聴衆を対象とした金曜礼拝のモスク「アメリカ・女性モスク（Women's Mosque of America）」は、「女性たちが歓迎され、尊重される、安全な空間の提供」と「既存のモスクを補完すること」をその使命に掲げているが、ここにはＴＣが体現するサードプレイスの発想を読み取ることができる。しかし、ＴＣがさまざまな差異を越境したサードプレイスのコミュニティ形成を図ろうとしているのに対して、「アメリカ・女性モスク」の運動の場合は、同じくサードプレイスの形成を目指す手法を用いつつ、女性のみという新たな境界を創り出すもののようにも捉えられる。

いずれにしても、本章で論じたサードプレイスのコミュニティ運動は、今や若者世代に限らず、アメリカのムスリムの社会運動の一つの手法として着実に広がりを見せていると言えるだろう。

コラム6

行動するトルコの女性たち
——女性の命は女性が守る

新井春美

2019年12月、トルコ議会で前代未聞の光景が繰り広げられた。野党の女性議員らが手で机をたたきながら、女性への暴力を激しく非難し、警察や司法、大統領らを犯人と糾弾するパフォーマンスを行ったのである。パフォーマンスのオリジナルはLas Tesis（「論文」という意味）というチリのフェミニストグループによるもので、このパフォーマンスはチリから国境を越えて世界へと広がりをみせている。

トルコでもイスタンブルやアンカラの広場や通りで、女性たちがLas Tesisを模して女性への暴力反対の声を上げ、抗議のダンスを繰り広げた。この時、警察は女性らに対し催涙弾を撃ち込み、アンカラでは7人の女性が逮捕されるなど混乱が見られた。議員らはこうした当局の対応に抗議の意味を込め、このパフォーマンスを行ったのである。女性議員の行動は常識的とは言い難いかもしれないが、いまやトルコでは女性は行動せずにはいられない状況に直面しているのだ。

それは「フェミサイド」の増加である。フェミサイドとは、女性が女性であることを理由に暴力を受けたり、ひどい場合は殺害されるという事件であり、多くは夫や恋人、家族などが加害者である。「フェミサイドを撲滅するためのプラットフォーム」という組織によれば、犠牲になった女性は、2011年は127人、2015年は293人、2019年は411人に上る。皮肉にも、2011年にイスタンブル協定（「女性への暴力とドメスティックバイオレンスを防止し撲滅するための協定」）にトルコが加盟したのちにも、犠牲者は増加する一方となっている。

なお、世界保健機関の調査によると、パートナーから暴力を受けたことのある女性の割合はトルコでは38%に上り、ヨーロッパ平均の25%を上回る。

なぜ、トルコではフェミサイドが増加しているのだろうか。あるジャーナリストは、トルコでは女性に対する暴力は昔からあったが以前は公になることが少なかった。近年、ソーシャルメディアの発達でこうした事件についての情報が拡散され、報道される回数が増えたのだと指摘する。しかしそれだけではなさそうだ。トルコでは男女平等が法的に保障され都市部を中心に女性の社会進出も進んでいたが、現在のエルドアン政権によってイスラーム化が促進されるようになると、女性をとりまく状況に変化が生じるようになった。政治的、社会的に立場のある人々が、女性は人前で笑うな、子どもを産まない女性は不完全、などと女性の自由を制限し差別ともいえるような発言をするようになった。次第に女性は男性の所有物であるという古い意識が蘇り、女性の尊厳が軽視されるようになってきた。その結果、フェミサイドの増加が続い

議会でパフォーマンスを行う女性議員。後方で男性議員がフェミサイド犠牲者の写真を掲げている［©Hürriyet Daily News］

ているのではないだろうか。

今日もなお、世界中の多くの国や地域で女性の権利を求める社会運動が行われている。これまでなかった権利を手に入れることは困難であるが、そこには希望がある。それに比べ、トルコの女性はかつて当然のように手にしていた権利や自由が現政権の下で失われていくのではないか、暴力は増える一方なのに政府の対応は後手に回り、むしろ暴力を助長しているのではないか、と懸念している。国外に住むトルコ人女性は、娘を連れて故郷へ帰るのが心配だと漏らす。いまのままでは娘が安心して暮らせないのではないかと顔を曇らせる。

しかしトルコの女性は絶望に打ちひしがれてはいない。自らの命や自由や権利は自ら守るしかない、という決意を固めているようだ。上述のLas Tesis運動のみならず、２０１９年11月から12月にかけて開催された国連女性機関主催の「暗闇を照らそう」キャンペーンにも、多くの女性たちが参加していた。女性の権利団体はトルコでは「イスタンブル協定」が実行されていないと主張し、政府の責任を追及している。

状況の改善には男性の理解や協力も必要であり、女性だけではどうにもならないことも事実である。それでも女性たちがくじけることなく運動を続け、一日も早く実を結ぶことを期待したい。

コラム7

「ひとりの女性も欠けさせない」——ラテンアメリカ発、"女性殺し《フェミシディオ》"への抗議

伊香祝子

2015年6月4日南米アルゼンチンの70以上の都市で、"Ni una menos"（あえて訳すと、ひとりの女性も欠けさせない、という意のスペイン語。以下、NUMと略す）を合言葉に集会が行われた。首都ブエノスアイレスでは、国会議事堂前に年齢も性自認も様々な、およそ20万人が集まった。

その前月のこと、同国サンタフェ州ルフィノで、14歳の少女が妊娠中に16歳の恋人に殺害され、彼の祖父母の家の庭で発見されるという事件が報じられた。アルゼンチンではDV禁止法が1994年に制定されていたが、15年時点での民間団体 La Casa del Encuentro の統計で、およそ30時間にひとりという割合で女性が殺されていた。このルフィノの事件が引き金となって、人びとは女性・女児（トランス女性も含む）が、見ず知らずの他人、または夫や元恋人などにより殺害されること＝feminicidio（アルゼンチンではfemicidio）への抗議の意志を表すことになったのだ。

この運動は、インターネットを通じて、ほぼ同時にメキシコ以南のアメリカ大陸の国々に広がり、イタリア、スペインなどでも連帯の動きが生まれた。各国でのデモのほか、2017年の世界女性デーに30か国で行われた女性への暴力に抗議するストライキのなかでも、NUMの合言葉がかかげられた。こうして、NUMは国境を越えた運動として注目を浴びることになった。

だが、このNUMの合言葉自体が、すでに国境を越えた女性たちの思いを凝縮したものだった。メキシコでは、米国との国境に近いシウダーフアレスで、1990年代に多くの女性が

殺害されたり行方不明となった。そうした暴力に対して抗議の声をあげ、自らも命を落とした詩人スサーナ・チャベスの言葉"Ni una mujer menos, ni una muerta más"が、NUMの呼びかけ人たちにインスピレーションを与えたと言われている。また、スペイン、イタリアの女性たちがいち早く連帯の意を表明したことも、ラテンアメリカを植民地とした前者、19世紀後半以降多くの移民を送り込んだ後者の社会に共通するジェンダー意識（これは他の地中海沿岸の社会とも無縁ではないと思われるが）への反発によるものと言えないだろうか。

最後にもうひとつの境界について、つけくわえておきたい。それはラテンアメリカに存在する民族的な境界である。かつて、メキシコシティで開催された第1回世界女性会議（1975年）で、ボリビア鉱山労働者の主婦委員会のリーダー、ドミティーラ・バリオスが指摘したような、富の集中、厳しい労働環境、民族や居住する地域による格差は現在もこの大陸に存在し、それが男女間の格差よりも大きいという状況がある。そうしたなか、今年（2019年）の1月に東京でお会いしたペルー先住民族出身の政治家の方は、いくつかの点で他の運動参加者との意見の相違を認めつつも、女性殺しという課題は共通であり、NUMのデモには毎回参加していると話してくださった（個人的な談話）。「ひとりの女性も欠けさせない」というメッセージの強さと切実さを感じた瞬間であった。

チリで使用された3月8日のデモを呼びかけるインターネット上の画像（2017年のもの）

第10章

国際移動を生きる女性たち
――越境するアフマディーヤの宗教運動

嶺崎寛子

1 「日本は私の国でもあります」――越境するムスリム

あなたには、ムスリムの友人はいるだろうか。日本語を母語としない友人は？ 外国で生まれ育った友人は？ 海外に住む友人は？ 友人でも、家族でも、親戚でもいい。そして日本語でこれを読んでいるあなた自身は、今どこにいるのだろう。

東京に次いで外国人人口の多い愛知県に住む私には、親しいママ友が4人いる。うち1人は地元愛知の人、1人はトヨタ系企業に勤務する山口県出身者、1人はブラジル生まれの日系ブラジル人二世、1人は中国出身の鍼灸師で、日本人が2人、外国人が2人である。向かいのマンションではスリランカ人と結婚した日本人女性ムスリムが4人の子供を育てていて、そこにはフィリピン人ムスリムのカップルも住んでいる。学区の小学校の外国人比率は約1割、子どもたちは言葉の通じないクラスメートにかなり慣れている。隣市には在日ブラジル人の集住地域があり、その学区の小学校の外国人比率はゆうに8割を超える。在日ブラジル人の教会やブラジル食品店、ハラールショップは市内に、モスクは隣市にある。

日本でも地域によっては、この程度の共生はすでに珍しくもない。世界的な傾向として、人の国際移動は進んでいるし、これからも進むだろう。あなたの隣人にはまだムスリムはいないかもしれない。でも近い将来、あなたは日本できっとムスリムに出会うだろう。

本章では、私（エジプトを元々のフィールドとする文化人類学者。宮城県出身）が日本で出会ったムスリムの話をしたい。2011年3月に起きた東日本大震災の時、彼らは宮城県石巻市立湊小学校に一般社団法人ヒューマニティ・ファースト・ジャパンとして炊き出し支援に来て、3月19日から避難所閉鎖まで長く支援を続けた。その避難所の責任者だった叔父経由で、私は彼らの活動を知った。彼らの本部と集住地域が偶然愛知にあって、現在まで縁が続いている。被災者に感謝や見返りを求めない彼らの支援は、被災者の評判が良かった。被災者は彼らの支援について「やり方がスマート。きれいにいただける物資だった」と表現した（嶺崎 2013a: 42）。8歳から18歳までを日本で過ごした1・5世で、最も長く被災地にとどまったある信徒は石巻で被災者に「外国人がなしてわざわざここさ来たの」と問われて、「日本は私の国でもあります」と答えた（嶺崎 2013b: 219）。そう、すでに日本は、彼らの国でもある。

日本に住み、生業を営みつつ災害支援を行う慈善団体に参加する、パキスタン系のムスリム。彼らはアフマディーヤ・カーディヤーン派というスンナ派系の少数派で、パキスタンでは異端とされ迫害されている。迫害や経済的状況を理由として故郷パキスタンを離れた信徒（アフマディーヤ・ムスリムを本章では信徒と表記する）の多くはイギリスをはじめとする欧米に渡ったが、一部は日本に落ち着いた。日本には約240名が住む。彼らは日本や欧米でも、マイノリティの宗教教団として強固なアイデンティティと連帯意識を保つ。そしてマイノリティとしてホスト社会の人々と共生しつつ、信仰や言葉、文化を守り、次世代に伝えている。異文化の中で一体どうしてそんなことが可能なのかを、本章では日本のアフマディーヤを事例に考える。

2 グローバルで近代的な「イスラーム」——アフマディーヤ・カーディヤーン派

アフマディーヤは19世紀に英領インドのパンジャーブ地方の、後にインド領となる農村で興ったスンナ派系の少数派である（教義や組織の詳細は嶺崎〔2017; 2019〕などを参照）。礼拝や断食など、彼らの普段の信仰生活はスンナ派とほぼ同じである。しかし開祖のミルザー・グラーム・アハマドをメシアかつ預言者と認める、クルアーン（コーラン）ではアッラーは各民族や地域に預言者を送ったとされるためクリシュナやブッダ、孔子も預言者と認める、キリストは十字架上では死なずインドに逃れて死んだ、ゆえに再来はないなど教義が独特である。それゆえにパキスタンでは１９７４年には憲法改正で非ムスリムとされ、84年には軍事法令第20条により、ムスリムと自称することなどを法律で禁じられた。２０１０年5月に起きたラホールのアフマディーヤ・モスク襲撃事件では約80名が死亡した。教団本部は印パ分離独立によりインド領となった発祥地からパキスタンへ、パキスタン政府による教団迫害によりパキスタンからイギリスへと2度移転・越境した。

教団はごく初期から外国への宣教を始め、20世紀初頭には欧米やアフリカでの布教に成功、大戦間期にはヨーロッパで多くの改宗者を得た（Ryad 2015）。アフマディーヤのヨーロッパでの成功は当時の中東のムスリム知識人に驚きをもって迎えられ、多くの議論を呼んだ（Ryad 2015: 47）。教団は非イスラーム文化圏での布教に最も成功したイスラーム系教団と評価され、現在では欧米・西アフリカに信徒が多く、世界各地に支部を持ち、数千万人の信者を擁する。

開祖の死後はカリフ制を敷き、開祖ミルザー・グラーム・アハマドの代理人としてのカリフを擁する。初代カリフは開祖の高弟で開祖と血縁関係はなかったが、二代以降当代五代までのカリフは全員開祖の一族で、教団内の選挙で選ばれた（なお二代目カリフの承認をめぐり教団はラホール派とカーディヤーン派に分裂した。本章は現在数的に優勢なカーディヤーン派を扱う）。1984年に四代カリフはパキスタンから事実上の亡命を余儀なくされ、それ以降のカリフはロンドンに住む。

スンナ派ではクルアーンの翻訳は禁じられ、翻訳はあくまで「解釈」であるとされる。アラビア語の美しい韻律は神の奇蹟であり、それを翻訳することは人間には不可能だからである。しかし教団は、クルアーンの翻訳をそれぞれの地域の言語で積極的に行う。2019年9月時点で、教団は70の言語にクルアーンを翻訳・出版済みである。また政教分離を肯定し国家の優越を認めるのも、政教一致を基本とするイスラームの原則と異なる。さらに「誰も憎まず全ての人に愛を（Love for All, Hatred for None）」という彼らのスローガンに顕著に表れる極端な平和主義と、その元となる、開祖が説いた、剣のジハードの放棄と筆のジハードの推進も特筆すべきである。開祖の息子であり、改革者という別名を持つ二代カリフが整えた高度に組織化された教団組織が、世界的な広がりを持つ教団をまとめ上げていることも重要である（図1参照）。

驚くべきことに、日本の本部長に問い合わせれば、エジプトの本部長の電話番号がすぐにわかる。日本のある研究者がナイジェリアのアフマディーヤに調査依頼をしたときは、イギリス本部を通じて日本本部に人物照会がかかった。非常に密な連絡ネットワークが世界規模で張り巡らされていることがわかる。

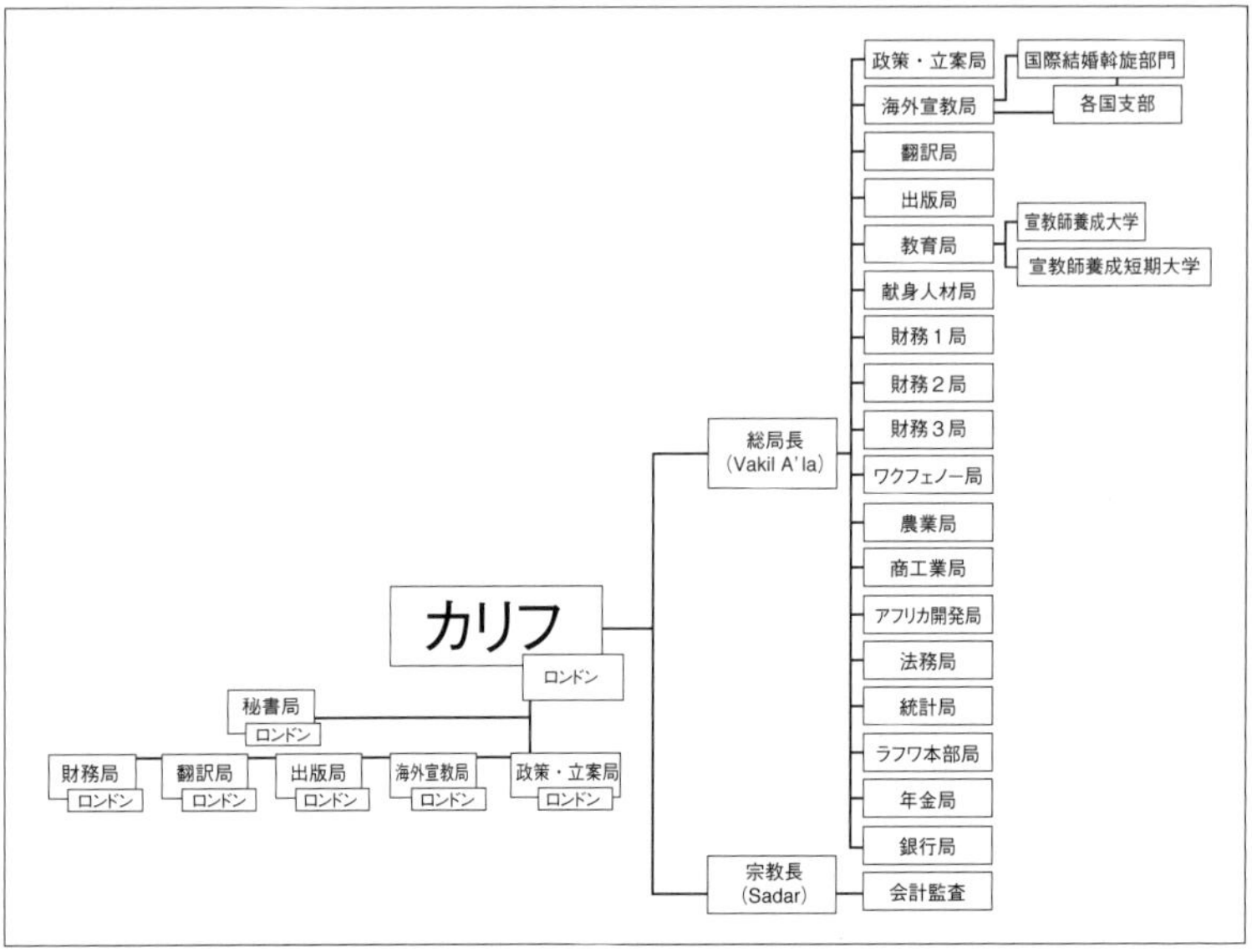

図１　アフマディーヤ組織図。ロンドンと記載がある以外の部局は在ラブワ（パキスタン）
［出所：*Rules and Regulations of Tahrik Jadid Anjuman Ahmadiyya* p.131と聞き取り調査をもとに筆者作成］

教団は、翻訳の推進、政教分離の是認、平和主義など、近代に非常に適合的な教義と方向性を持つ。欧米で普遍的とされる価値観に適合的だからこそ、早期から欧米で受け入れられ、布教に成功したといえよう。１９２４年に着工、２６年に落成したロンドン市内初のモスク、ファジュル・モスク（通称ロンドン・モスク）を建立したのはアフマディーヤである。

日本では、宣教自体は１９３５年に神戸で始まり歴史は長いものの、日本人への浸透という意味では、さしたる成功は収めていない。日本で布教が成功しない理由として、布教が中断した時期があることや、結婚以外での日本人の改宗が少ないことが挙げられる。日本人との結婚自体多くないが（婚姻中7組）、その中では外国人信徒男性と日本人女性の結婚が多い（5組）。長年教団に積極的に関わる日本人改宗女性信徒も3名いる。しかし、日本人との結婚は離婚に至ることも多い。パキスタン系移民で主流の親主導の見合い結婚では、ほとんどの事例で日本人は配偶者の選択肢に入っておらず、国境を越えてでも信徒同士の結婚を志向する傾向が極めて強い。信徒同士の国境を越えた結婚による結束が、一方では組織を強化しつつ、日本人への参入障壁ともなり、日本人との新たな境界を作り上げているといえよう。

信徒は居住地としての日本や隣人としての日本人を尊重するが、同化を志向しない。しかし彼らは日本でムスリムとして信仰を守りつつ平穏に暮らしている。マイノリティとして暮らす日本で、アフマディーヤというアイデンティティを保ち、次世代にそれを伝える。そんな離れ業を可能にせしめるものは何か。肝は教団内内婚と、教団ぐるみの子育てにあるようだ。

3 「神様を信じて行けば大丈夫」――結婚と国際移動

現在日本に住む家族で最も多いのは、1980年代、アフマディーヤへの迫害が厳しく、パキスタンから日本へのビザなし渡航が可能だった頃に単身で移住してきた男性がその後、妻を迎え子供を育てたケースである。二世は10代後半から30代が多く、二世の多くが結婚や子育ての時期を迎えている。

子供が学業を終える頃、第一世代の親は子供のための婚活を始める。日本人は不思議に思うかもしれないが、子供の結婚の責任者は親、婚活するのも親である。信徒は信徒としか結婚できないという決まりがあるため、婚活には時間も手間もかかる。親は地縁血縁、教団の結婚斡旋部門や、各国に居住する宣教師の結婚斡旋のためのライン・グループなど、あらゆる手段を使って婚活する。カリフも積極的に信徒の縁談をまとめる（cf. 嶺崎 2018）。

イスラームでは、「結婚は信仰の半分」とされ重視されており、信徒にとっては結婚はするのが「当たり前」である。パキスタンの文化では、親主導での見合い結婚で早くに結婚するのが望ましいとされるため、特に女性は、学業を終えてすぐに結婚することが多い。信徒としか結婚できないのに、極端に信徒人口が少なく適齢期の異性が少ない日本では国内で相手を見つけるのは至難の業で、日本国内の信徒同士で結婚した例はまだない。そしてお酒を飲み、アッラーを信じない日本人はそもそも、結婚相手とみなされない。二世の女性たちが好むのは、信仰と文化を同じくする――敬虔で、ウルドゥー語を話し、パキスタンの文化を良く知る――が、保守的でも男尊女卑でもない、捌《さば》けた男性である。異文化のただなかで育つ彼女たちやその親は、自分たちがパキスタン育ちの男性が許容できない感覚をいつの間にか身に着けてしまっているのではないか、という危うさを感じてもいる。だからできるだけ理解のある男性を希望する。二世の男性は、そこはあまり気にしていないようだ。

　パキスタンは夫方居住の父系社会である。信徒たちはパキスタンの文化と信仰に基づき、人生の早い段階での見合い結婚を良しとする。日本で生まれ育つ二世たちは、程度に差はあるが、日本社会で主流の、恋愛結婚を至上とするロマンティック・ラブ・イデオロギーに満ちたマンガや小説などのサブカルチャーに触れてはいる。しかし二世たちも、見合い結婚を当然視する。それを私は最初は不思議に思ったが、彼女たちにとってはそれは不思議でも何でもない。ある10代の二世は言う。「私のことをとても愛していて、性格をよく知っている親が一生懸命探した相手、これと思った相手なら、たぶん合うと思う。私はまだ人生経験が少ないし、ここ〔筆者注：日本〕で私が出会える人なんか限られてて、その中から自分で理想の結婚相手を選ぶなんてできない」。日本人との恋愛を想定外とし、親主導の婚活を肯定的に捉えていることがわかる。

　注目すべきは夫方居住である。これは、二世女性は結婚によって、生まれ故郷の日本を離れる可能性が非常に高いことを意味する。見合い結婚で、よく知らない男性に国境を越えて嫁ぐという思い切った決断がなぜできるのか。私の知るケースでは、それを後押ししたのは信仰だった。縁談が舞い込むと、彼女たちや親は神意を問うための選択礼拝（イスティハーラ：選択を神に委ねるために行う自発的礼拝。この礼拝の後、夢など何らかの手段で神意が伝達されるとされる）を行う。そしてその縁談が神意に適《かな》うという確信が持てたとき、彼女たちは決断する。日本からアメリカに嫁いだある二世の女性信徒は、「アメリカに行くなんて思ってもみなかったけど、神様を信じて行けば大丈夫」と語った（第1巻『結婚と離婚』所収のコラム「越境する花嫁」参照）。イギリスから日本に嫁いだ、ドイツ生まれイギリス育ちのパキスタン系二世の女性は、カリフの妻から宣教師との縁談を持ち掛けられ、即座に承諾した。彼女はその時点で、夫となる男性に会ってすらいない。「カリフが私のために特別に選択礼拝をなさったうえでお決めになったから、この結婚はパーフェクトだと思った」（16年9月）と語った彼女は、カリフへの信頼と信仰心の篤さゆえに結婚を決め、結果来日した。底抜けに明るく、人好きのする笑顔が魅力的でマニキュアもメイクも完璧な彼女は、縁もゆかりもなかった日本での暮らしを満喫したのち、ニュージーランドに転勤になった夫とともに、ニュージーランドに再移住した。

日本に婿を迎える事例もないわけではない。しかしイスラームでは夫が家計に責任を持つべきとされるので、この場合夫は日本語を習得し、日本で稼げるようにならなければならない。これは婿側にかなりの負担を強いる。そのため、二世女性が日本に住み続けることを条件にすると婚活は難航する。二世男性の場合は日本語は障害にならない。女性に日本語能力はあまり期待されていないし、日々の買い出しなども パキスタンでは、基本的に男性の役割とされるからである。二世男性にはパキスタンから嫁ぐ女性が一番多い。在日二世は異なる文化圏で育った人を伴侶とするため、夫婦間で使うのは多言語国家パキスタンの国語かつ、開祖や歴代カリフの言葉であるウルドゥー語である。だから二世は、日本でもウルドゥー語を維持する必要に迫られる。日本語にモノリンガル化することはリスクなのである。

信徒の結婚は結婚の奨励と非信徒との結婚の禁止と、原則としての夫方居住によって枠付けられている。信徒の少ない日本では、結婚によって多くの二世女性は新たな国際移動・移住を余儀なくされる。二世男性は日本国内ではなく、国外から妻を迎える。これは、パキスタン系信徒が信仰と文化を保ちうる次世代の家族を作りあげるためには、結婚による女性の国際移動、すなわち信徒女性の国際的な再配置が必要であることを意味する。日本ではそれが顕著だが、これは日本に限った話ではない。パキスタンから先進国に、結婚のために国際移動する信徒女性はかなりの数に上る。

20世紀初頭、教団成立直後に海外に赴いたのは教団の宣教師たちだった。今では宣教師だけでなく、結婚のために国際移動する女性たちが、次世代や価値観・信仰の再生産という重要な役割を担い、アフマディーヤという、グローバルな宗教運動の屋台骨を支えている。

4 女性の国際移動を支える——ラジュナ・イマーイッラー

結婚のために親兄弟と離れ、見知らぬ国に嫁ぐ女性たちは、英語圏を除けば現地語もできず、文化もわからず、土地勘もない。ほとんどの場合、知己や親戚もいない。そんな場所で、彼女たちは何を頼りにするのだろうか。夫や義母？ 夫には仕事があるし、パキスタンの文化は男女の空間隔離を徹底させるから、夫の男社会の常識や人脈は、妻の役には立たないことが多い。夫には女友達はいないし、夫の男友達という人脈を、妻は直接は使えない。義母も頼りにはなろうが、世代も感覚も違う。義母だからこそできない相談もある。そんな彼女たちを支えるのが教団の女性組織、ラジュナ・イマーイッラー（Lajna Ima'illah)、すなわち女性部である。

教団は信徒を国と地域ごとに、15歳以下の女子部、15歳以上の女性部、15歳以下の男子部、15歳から40歳までの男性からなる青年部、40歳以上の男性からなる男性部の5つに分け組織化している。国際移動した女性たちを陰に陽に支えるのはこの女性部のネットワークと人脈、諸活動である。

日本の女性部の月会費は収入に応じて教団に支払う毎月の会費とは別に、500円である。専業主婦や学生も支払える値段に設定してあるという。女性部長は任期3年で選挙で選ばれる。女性部は海外から嫁いできた女性たちにとって頼もしい資源である。ウルドゥー語が通じる、日本で暮らすためのさまざまな情報や助言を有形無形に得られる場だからだ。またそこでの人脈は、個人的な友人付き合いにも容易に発展する。女性部で役割を振られ、活動を通じて居場所や自己肯定感を得られることも移住の助けになる。女性部は各国にあり、女性たちは来日前に自分の育った国で女性部や女子部に参画した経験を持つ。だから女性部とその組織形態や活動内容自体には、新規参入者もよく馴染んでいる。日本を離れて外国に嫁いだ在日二世女性も、嫁ぎ先の女性部を移住先での資源としていた。

日本の女性部の事業は、月2回の定例集会、子供のための学習会、宗教に関する勉強会、日本人向けの料理教室の開催（東京支部のみ）、ラマダーン明けと巡礼明けのイード（二大祭）集会、モスク文化祭の運営、日本中から全信徒が集まる2つの大きな行事である年次集会と参集会の企画立案・運営など、多岐にわたる。女性部は教育部や企画部などの部門ごとに責任者がおり、会議で話し合いつつ民主的に運営される。これらの活動を通じ、日本に嫁いだ女性たちは人脈を作る。前述したロンドン・モスクが女性部の寄付だけで建立されたことは信徒内では有名で、それは女性部の影響力の大きさを示す逸話として語られる。パキスタンの女性部も本拠地のラブワで養老院や孤児院を経営する。対する日本の女性部は人口規模も小さく、傑出した影響力があるわけではない。

しかし日本で暮らす信徒女性たちにとっては、そこは重要な居場所・活動場所である。2週間に一度は何らかの集まりがあり、女性部に深く関わると中々忙しい。加えて金曜礼拝もある。パキスタンから持ち込んだ性別役割分業や男女空間隔離規範、ビザや日本語能力などの関係で、二世に嫁いだ一世女性も含め、在日一世女性には有職者はいない。二世女性にはいるが、数は多くない。海外から二世に嫁いだばかりの一世女性は日本語ができないし、ビザの関係上、現実問題として働けない。一世女性には日本語ができる者もいるが、何十年と日本に住んでいても日本語が話せない人も少なくない。それでも彼女たちが日本で孤立もせずに、ウルドゥー語や地域語のパンジャービー語だけで暮らせるのは、ひとえに女性部のおかげであろう。

また、核家族では実際には担うのが難しいさまざまな機能を組織としての女性部が請け負うことで、次世代への信仰や言語、文化の継承がなされていることも見逃せない。子供向けのウルドゥー語教室や宗教勉強会などの第二世代に対する教育支援は、二世のウルドゥー語能力育成やアイデンティティ形成に重要な役割を果たす。クルアーンの知識、カリフへの崇敬の念、聖なる言語であるウルドゥー語およびアラビア語の習得、ウルドゥー語の開祖やカリフが書き残した書物に対する知識などは、信徒としての自覚と誇りの養成に不可欠である。しかしそれは移民の核家族で、母親によってのみ育成できるものでは到底ない。

宗教学者の猪瀬百合は、創価学会では、信仰の次世代継承には私的領域と子育てを担う女性・母親の役割が父親よりも相対的に強い影響を及ぼすという（猪瀬 2011: 169-170）。アフマディーヤでも同じである。ただし日本でマイノリティとして暮らすという、信仰の継承に不利な条件下での子育てにおいて、核家族で母親が孤軍奮闘するだけでは、効果は限られる。そこをカバーするのが女性部なのだ。

親世代より日本語が堪能な二世は、請求書や学校からの文書を解説し、役所と折衝するなど、親に頼られる場面が何かと多い。二世（とその日本語能力）はある時点から、一世の生活上の資源になる。一世と二世の間には親子としての縦関係だけでなく、日本語能力を基準とする、子供が優位となる別の関係軸ができる。それは当然家族関係にも影響する。日本で育つ子供は親に物怖じせずに物を言う、あれはちょっとパキスタンでは考えられない、と一世の親たちが言うのは、このあたりに理由がありそうだ。

しかしアフマディーヤには、ここにもう一つ、ウルドゥー語という別の、しかも圧倒的な参照軸がある。たいていの場合、故郷の言葉は世代交代につれ、移民の中で重要性を減じていく。例外は宗教言語で、アフマディーヤでも、開祖の言葉であり、カリフが金曜説教で使うウルドゥー語は、信徒にとって特別である。一世はウルドゥー語母語話者であるというその一点だけで、二世よりも宗教的に優位である。それを矜持とする一世女性もいる。

組織体としての女性部には、教団が効率的に女性を教化・動員するためのしくみという側面もある。しかし移民女性たちが女性部＝教団に支えられていることもまた確かだ。女性たちは女性部を通じて新天地で居場所と人脈を作り、子育て支援を得る。一方で、国際移動して家族を作り、出産し次世代を育成する彼女たちこそが教団を支えているという見方もできる。

5　信仰、越境、ジェンダー――女性信徒の冒険

2013年にオジを頼って母と未婚の妹弟3人と共にパキスタンから来日した20代女性信徒がいる。彼女は難民申請をし、日本語を勉強し、合法的に働ける時期はアルバイトに励み、ビザの関係で働けない時

期は女性部の活動に忙しかった。難民申請を却下され再申請したものの、また却下されたらどうしよう、と不安な毎日を送っていた2019年の夏、彼女にパキスタンに住む姉夫婦から、イギリスに住むパキスタン系1世との見合い話が舞い込んだ。日本にいても先行き不明という手詰まり感の中で降ってきた縁談は瞬く間にまとまり、彼女は未来の夫が手配したチケットで愛知からドバイへ飛び、ドバイの親戚に見守られてそこで結婚式を挙げた。「日本に来て、信仰を隠さなくてよいことが嬉しい」と語った彼女は、今イギリスで夫と暮らす。母と妹弟はまだ日本にいる。彼女は裁縫が得意で思慮深く、責任感が強かった。彼女が私の子供に縫ってくれた何着かの服だけが、日本に彼女の息吹を残す。それは働けなかった時期に、不安の中で彼女が縫い貯めたものだ。

迫害とそれに伴う将来への不安によりパキスタンから来日し、結婚のため離日し、知己の誰もいないイギリスに嫁いだ彼女の人生は、私には冒険のように見える。運命に翻弄され、それでもたどり着いた場所で幸せになった『源氏物語』の玉鬘《たまかずら》を、彼女たちを見ているとよく思い出す。しかし玉鬘と違うのは、彼女たちは決して翻弄されているわけではないということだ。彼女たちは神を信じるがゆえに見知らぬ地に進んで身を投じ、置かれた場所で咲く。SNSやIT環境も大いに助けになるが、彼女たちが置かれた場所で咲けるのは、彼女たちの育った場所にも嫁ぎ先にもある女性部のおかげである（なお、諸事情で女性部と関われない場所に嫁いだ女性には、カリフへの手紙という別の手段がある〔cf. 嶺崎 2017〕）。

信仰を頼みとして日本からイギリス、バハレーン、スイス、ガーナへ嫁ぎ、イギリスやパキスタンから日本に嫁ぐ彼女たちこそ、アフマディーヤという越境する宗教運動を体現する存在であり、それを支えるエンジンであり、それを未来につなぐ扇の要である。彼女たちのゆるぎない信仰と身軽さには、いつも驚かされる。

第11章

インドネシアのムスリマ活動家たちの結集
——世界的に稀な女性ウラマー会議開催

野中　葉

はじめに

ウラマーとは、アラビア語で「知識を持つ人」を意味する単語アーリムの複数形で、イスラーム諸学を修めた知識人を指す。『岩波イスラーム辞典』によれば、スンナ派の場合には、ウラマーの認定制度があるわけではなく、ウラマーそれ自体が職業名を示すわけでもないが、彼らは官僚、裁判官、政治顧問、学者、教師、モスクの導師などの職業に就きながら、社会の中で為政者と民衆の間の橋渡し的役割を果たしてきた（『岩波イスラーム辞典』2002: 204）。

２０１７年４月、インドネシアで初の女性ウラマー会議が開催された。会場の収容能力の関係上、参加人数を制限したものの、インドネシア国内外合わせて６５０人もの参加者が集い、さまざまなメディアにも取り上げられて、関心の高さをうかがわせた。ウラマーという用語は、歴史的に、また現代のあらゆる地域で男性と強く結びついており、女性ウラマー会議の開催は、インドネシア初のみならず、世界的にも大変珍しい。この章では、このインドネシア女性ウラマー会議の開催に至る経過と当日の様子について述べ、また、そこでのさまざまな差異を乗り越える動きや、この会議の成果と限界について考えてみたい。

1 インドネシアの女性と社会運動

赤道直下、東南アジアの島嶼部に位置するインドネシアは、現在、人口2億6000万人のうち約9割がイスラームを信仰するムスリム大国である。地理的には、インド洋と南シナ海、太平洋に接し、古くから海上交易の拠点としてさまざまな地域とかかわりを持ちながら発展したが、16世紀頃から、香料貿易の利益を求めてヨーロッパ列強が次々と訪れるようになり、17世紀初頭以降、オランダの統治の下に置かれることとなった。このオランダ統治は1942年まで続き、また、その後の3年半は日本軍政が統治する植民地時代が続いた。

現地の女性たちが、社会運動にかかわるようになったのは、20世紀に入り、現地民による民族団体が次々と創設され、独立に向けた機運が高まっていく時期だった。この時期の民族運動は男性主導で進められたが、民族団体や宗教団体の中には女性部が作られ、女性たちも運動に参加していった。彼女らは、都市部の西欧教育を受けた社会的・経済的地位の高い家系の女性たちであった (Blackburn 2004: 17-20)。この時期の女性たちの運動として特筆すべきは、1928年のジョグジャカルタで開催されたインドネシア女性会議である。ここには31にも上る世俗ナショナリスト、イスラーム、キリスト教の各種女性団体の代表が集い、当時の女性たちを取り巻く社会問題について議論が交わされた。具体的には、一夫多妻制や児童婚、自由結婚、離婚など婚姻にまつわる諸問題と女児教育に大きな関心が集まった (Robison 2009: 42-44)。

この時期には、現在まで続く全国規模の二大イスラーム団体も創設された。一つは、中東発のイスラーム改革運動の影響を受け、1912年に創設された改革派のムハマディヤであり、もう一つは、伝統派のウラマーたちが結集して1926年に創設されたナフダトゥル・ウラマー（以下、NU）である。ムハマディヤでは1917年に女性部門のアイシャが創設され、1928年の女性会議に代表を派遣しているが、NUでは1938年になって女性部門ムスリマットが、また1950年に青年女性部門ファタヤットが組織化された（Robison 2009: 53-55）。

第二次世界大戦中の日本軍政期と、その後の独立戦争期を経て、インドネシアは独立を達成する。独立後まもない1950年代には、イスラーム系政党、ナショナリスト政党、共産党が政治の分野で拮抗する中、イスラーム系のムスリマットやアイシャ、また共産系のゲルワニなどが、異なるイデオロギーを背景とする政治・社会団体の中での女性部門として、活動を展開した。男性主導の組織の中で、女性部門が設置され、そこに女性たちが参画していくという構図は、独立以前の民族主義高揚の時期と変わりなかった。

1960年代後半、第二代大統領スハルト大統領（1921～2008、在位1968～98）が実権を掌握し、いわゆる開発独裁の時代が始まると、女性たちの役割は国家によって規定され、コントロールされるようになっていった。開発と安定を国家の最優先の課題と捉えるスハルト体制下で、女性は、国家の開発を支える母であり妻である、という家庭的役割が押し付けられた。公務員の妻たちを束ねるダルマワニタや、各地域の女性たちを束ねるペーカーカー（PKK）と呼ばれる婦人会組織が国家主導で創設され、夫である男性の地位に応じて、全国の女性たちが動員され組織化される仕組みが整えられていった。国家主導の開発独裁政権下、わずかに許されたのは、体制の開発優先の姿勢やジェンダー・イデオロギーに沿う形の非政治的な社会活動であり、これらはアーイシャやムスリマットなどイスラーム系女性団体によって続けられた。また1980年代以降は、各地でNGO型の独立団体が創設され、草の根の社会活動が実践された。この中には、女性の活動家も多く含まれていた。

1998年にスハルト体制が崩壊し、民主化の時代が到来し、体制の規制や監視を受けることなく自由に組織を作ることができるようになった。また、スハルト体制下で創設された女性役割省が、1999年には女性エンパワーメント省と名前を変えたり、独立行政組織として「女性への暴力に反対する国家委員会（Komnas Perempuan）」が創設されたりするなど、女性の擁護と地位向上に向け動き出したかのように見える。一方で、民主化と経済成長と同時並行で、社会の中でのイスラームの影響は急激に強まった。民主化当初は、市民社会の中で力を発揮する「市民的イスラーム（Civil Islam）」（Hefner 2000）の潮流が目立ったが、その後は、政治分野でイスラームの価値を体現しようとするイスラーム主義が台頭し、また2010年代に入ると、社会のさまざまな側面でイスラームの保守化が指摘されるようになっていった。この保守化は、しばしば他宗教や異端とされるグループなど、いわゆる非イスラーム的なものの排除を伴い、排他的な傾向を持つ。スハルト体制下の国家主導のジェンダー・イデオロギーを「国家イブイズム（母性主義）」と呼んだスルヤクスマによれば、民主化後、急激に台頭したイスラーム的言説が重しとなって女性たちは従属的な立場にとどまっており、女性の地位が政治的、社会的に制限される構造自体は民主化以前と変わっていない（Suryakusuma 2011: xxiv）。

2 インドネシア女性ウラマー会議の開催

こうした時代背景の下、2017年4月25日から27日の3日間、インドネシア女性ウラマー会議は開催された。

（1）開催の意向と準備

会議を主催したのはジャカルタ拠点のラヒマ、アリマット、チレボン拠点のファフミナといういずれもイスラームを基盤とする三つの女性擁護団体である。それぞれの団体の概要と、インドネシア女性ウラマー会議実施に至る過程は次の通りである。

会議開催の意向は、2000年代半ばから女性活動家向けのトレーニングを開催していたラヒマから出されたものである。ラヒマは民主化時代のインドネシア社会で女性の権利を確立するための情報発信とトレーニングを実施するためのNGOであり、2000年にジャカルタで創設された。スハルト時代、伝統的イスラーム寄宿学校であるプサントレン出身の青年たちが、プサントレンの近代化を目指しP3MというNGOを創設した。このP3Mで活躍していた女性たちが、民主化後に結集し、イスラームにおける女性やジェンダーの問題を改善するためのラヒマを創設したのだった（Eridani, ed. 2014: 348-349）。

ラヒマでは、2005年から女性ウラマー教育プログラムを開催していた。その目的は、各地で活躍するプサントレンの指導者やプンガジアン（イスラーム勉強会）の主宰者など、イスラームに関わる活動をしている女性たちを集め、イスラーム知識の向上と現代社会の女性に関するさまざまな問題に対する考え方を学び議論することだった。タダルス（Tadarus）と呼ばれる4日間程度の集まりを2か月おきに5回開催、約1年間かけて継続して学ぶトレーニングである。講義形式でイスラーム諸学を学ぶタダルスもあれば、実際に発生した女性をめぐる社会問題をケーススタディとして扱い、どのように考えれば良いか、どのような活動が望ましいかを議論するグループディスカッションも行われた。さらには、教室を出て歓楽街に

インドネシア女性ウラマー会議オープニング・セッション（2017年4月25日）

出かけ、この地区で働く女性たちと話をする形式のタダスルも取り入れた。このトレーニングを通じて、実際に各地域社会を率いていける人材になれるように、女性たちを育成することが目指された。西ジャワと東ジャワを拠点に約1年がかりのトレーニングを、4期まで開催すると、それまでに輩出した卒業生たちの合計は１５０人近くになっていた。そこで卒業生たちのつながりを作るための集まりを開催するアイディアが出て、２０１５年2月に卒業生対象のワークショップ「ラヒマ女性ウラマー会議」が開かれた。そこには、ラヒマと関わりのあったアリマットの代表バドリヤ・ファユミ（１９７１〜）が講演者の一人として招待されていた。

そのワークショップの場で、ラヒマの「女性ウラマー会議」を開催するならば、次は、全国の女性ウラマーを集める会議をやろう、という意見が出た。「全国会議」の開催は、とても一団体だけではできないと考えたラヒマのメンバーは、アリマットとファフミナに呼びかけ、２０１５年4月に全国女性ウラマー会議のための委員会が発足した。運営委員会（Steering Committee）の代表にはアリマットのバドリヤが、また組織委員会（Organizing Committee）の代表にはラヒマのダニが就任した。

アリマットは、家庭内の男女平等や公正を進めることを目標に創設されたムスリムの集まりである。主宰するバドリヤは、ジャカルタ近郊ブカシにあるプサントレンを夫とともに運営し、2004年から2009年にはNU系の政党である民族覚醒党選出の国会議員を務め、また2013年から2016年には、独立行政法人のインドネシア児童擁護委員会（KPAI）の代表を務めるなど、一貫して、女性や児童、家族の問題に取り組んできた。

一方、ファフミナは、チレボンに本部を置く女性擁護のためのNGOであり、創設者には「フェミニスト・イスラーム学者（Kiai Feminis）」として知られるフセイン・ムハンマド（1953〜）が名を連ねている。ファフミナの共同創設者で、今回の女性ウラマー会議の運営委員の一人であるファキによれば、ファフミナは、おそらくインドネシアで唯一の、男性中心の女性擁護団体である。そして、ファフミナもまた、2003年頃から、ラヒマと同じく、イスラームを基礎にしたジェンダーに関するトレーニングを実施してきており、全国の女性活動家たちとネットワークを持っていた。ラヒマと同様にそのネットワークを使って、各地の女性たちの活動をより活発化させたい、という思いがあった。

ジャカルタではなく、ジャカルタから300㎞ほど離れた地方都市チレボンでの開催が決まったのは、ジャカルタでの開催よりも費用が安く抑えられ、ファフミナの拠点であり、協力を仰げるさまざまなコミュニティや人々がいたからである。また何より大きかったのは、この女性ウラマー会議の助言者として当初から委員とのつながりが強かったマスリヤ・アンヴァ（1961〜）が主宰するプサントレンがチレボン近郊にあり、そのプサントレンを会議の会場として使用することの許可をマスリヤに得ることができたからだった。

マスリヤは、チレボン近郊のプサントレン・クブン・ジャンブ・アル゠イスラーミーの代表を、10年以上前から務めている。このプサントレンは、もともとは彼女の夫が代表を務めていた。その夫が病死して以来、彼女は周囲からの再婚の勧めを拒否し続け、自らがプサントレンを率いている。伝統的なプサントレンで女性が代表を務めるのは大変に珍しいことであり、このことでさまざまな嫌がらせも受けてきたという。人間にとって、男女とも、よりすがる究極の対象はアッラーだけであるはずだ、と彼女は言う。にもかかわらず、現実には女性は男性に頼って生きていかねばならない。マスリヤは、たとえ夫を失っても、アッラーだけを頼って生きていけるように、別の男性を探し求めるような女性ではいけないと思い、再婚はせずに自らがプサントレンを率いていくことを決意した。会場の提供だけでなく、マスリヤの存在そのものが、女性ウラマー会議の開催にとって重要だった。彼女のこうした考え方や生き方は、女性ウラマー会議開催にとって、大きな象徴となったのだった。

「女性ウラマー」という表現も、委員のあいだでは当然議論になった。ラヒマでは、すでに2005年のトレーニング開始時から、「女性ウラマー」という表現を使っていた。けれども、今回は一組織が実施するトレーニングではなく、全国規模の会議である。そこで「女性ウラマー」という用語を使えば、当然にさまざまな批判を受ける可能性があった。組織委員長のラヒマのダニによれば、インドネシアでも、特に伝統的な宗教指導者の中には、女性は男性のようにすべての学問を学ぶ必要はない、と考える人たちもいる。そういった場合には、知識を持っているのは常に男性であり、ゆえに女性ウラマーという存在はあり得ない。けれども、ウラマーという単語は、本来は「知識を持つ人」の複数形であり、字義的に言えば、男女ともに含むものである。知識を持って、民衆のために活動している女性ウラマーは、インドネシアでは多数存在しており、彼女らを結びつける受け皿を作りたい、という気持ちを主催者たちは共有していた。また主催者たちのあいだでは、「女性ウラマー」は単に生物的な意味での女性のウラマーを指す言葉ではない。生物的な性別を言うのであれば、「ウラマーの女性（perempuan ulama）」という言い方が正しいが、

「女性ウラマー（ulama perempuan）」に込めた思いは、男性であっても、男女公正の意識を持っているウラマーは存在し、その人たちは「女性ウラマー」に含まれる、という意味だった。会議では、「女性ウラマー」とは、「男女の性別を問わず、深い知識を持っており、アッラーに対し畏敬の念を持ち、高貴な性格で正義を実践し、万有のための福利を追求する人」と定義された（Kongres Ulama Perempuan Indonesia 2017: 19）

（2）3日間の会議の参加者と当日の様子

女性ウラマー会議開催に対する反応は、当初の想定をはるかに超える大きなものだったと、主催者皆が、声をそろえて言う。混乱が生じることのないようにウェブサイトでの事前登録制を採用したが、その数は1280人にも上った。会場のプサントレン・クブン・ジャンブ・アル＝イスラーミーの収容能力に限界があったため、参加者を650人程度におさえる必要があった。参加応募は誰でもできるが、主催者とつながりのある団体や知人からの推薦書が必要で、その上で、主催者が参加者を選抜した。「女性ウラマー」ではないが主催者が参加を認める人たちは、海外からの招待者を含め、「オブザーバー」としての参加が許された。

当日の記録によれば、インドネシア全国から集まった519人の「女性ウラマー」を参加者として、また、海外13か国からの招待客や「女性ウラマー」に属さない出席者131人をオブザーバーとして受け入れた。海外の13か国には、マレーシア、タイ、シンガポール、フィリピンなど東南アジア各国の他、サウジアラビア、アフガニスタン、バングラデシュなどの中東・南アジアのイスラーム圏、さらには、オーストラリア、アメリカ合衆国、オランダなどの西側先進国からの代表も含まれている。これ以外に、各セッションの講演者たちや、開会式や公開セミナーへの聴衆など、日帰り参加者も多数集まったため、会場では１３００ほどの席を用意し、その席がほぼ全て埋まる状態だったという。

参加者の５１９人全員が、社会における女性の地位向上や公正な男女関係の実現に向け関心を持って活動している人たちであり、そのうちの９割近くは、イスラーム関連の団体に属しているか、イスラーム関連の仕事をしている人たちだった。プサントレンが会場であり、主催者の多くもプサントレンにつながりを持つ人たちだったため、参加者の多くは、伝統派ＮＵのプサントレン関係者だった。しかしながら、特筆すべきは、改革派のムハマディヤのみならず、大学教授などの学識者、さらには、近年のインドネシアで異端とされて排斥の対象になってきたアハマディヤやシーアの人たちも出席するなど、多様な顔ぶれが集ったことである。参加者は皆、名前だけが公開され、所属団体は登録の際に記述されはしたが、公開はされなかった。そうすることで、異なる組織同士の対立や不和を乗り越えて、個人として、「女性ウラマー」同士のつながりを作ることが目指されたのであった。

３日間の会議を通じて、主に議論されたテーマは三つあった。一つは、児童婚、二つ目は女性と子供に対する性暴力、三つ目は環境破壊、である。いずれも現代のインドネシアで大きな社会問題であり、女性たちが直接かかわる問題でもあった。会議では、これらのテーマを議論する際に、イスラームのテキスト

インドネシア女性ウラマー会議：海外から参加のオブザーバーたち

の他、女性に対する配慮、現代インドネシアという文脈、また自然に対する配慮も、前提とすべきことが確認されていた。

例えば、児童婚に関する議論の中では、当然に、イスラームのテキストが参照された。預言者ムハンマドが最愛の妻アーイシャと結婚した際、アーイシャはまだ子供だったことなどが引かれ、「イスラームでは、児童婚は禁止されていない」という議論もあった。しかしながら、イスラームが下った時代と現代のインドネシアでは社会状況や家庭状況、女性のライフスタイルが大きく異なっていることも、同時に大いに考慮された。児童婚が女性に大きな問題をもたらさなかった時代があったことも認めた上で、さまざまな事例を検討した結果、今の社会では、教育や健康や、将来のキャリアなどの点で、メリットよりも弊害やリスクの方が大きい、という結論に至った。神は全ての時代の人間たちの福利のためにイスラームを下したのであり、各時代の人々の現実を考慮して判断することはイスラームの目的にも適《かな》うという理解があった。現代を生きる女性の福利ために、社会の全てのアクターが児童婚を減らしていくための努力を実践しなければならないし、またもし児童婚が発生した場合には、社会のさまざまな側面でその女性の教育や健康を守り、あらゆる場面での不利益や差別などから女性を守らねばならないと表明するに至った。さらには、現行の婚姻法で

インドネシア女性ウラマー会議の参加者たち

は女性の最低結婚年齢が16歳と定められているが、これを18歳に引き上げるべき、との声明も合わせて発表された。この発表は、国連ユニセフからも注目され、ユニセフは公式ウェブサイトのプレスリリースで、全国女性ウラマー会議の声明を歓迎し、支持することを明らかにしている。

3　全国女性ウラマー会議の意義と限界

以上で述べてきた「全国女性ウラマー会議」の開催は、この本のテーマ「越境」という観点から考えてみると、インドネシア社会に現存するいくつかの壁を「越境」する試みだったということができる。

一つ目は、男女の間で存在してきた壁の越境である。これまで男性と強く結びついてきた「ウラマー」という用語を「女性」とつなげて「女性ウラマー」という用語を作り、在野でさまざまに活動してきた女性たちを集め、彼女らの活動とその成果を可視化することに成功した。そこに意識を共有する男性たちの参画も認めた。主催者の一人、ファフミナの男性活動家ファキによれば、参加者の1割程度は男性だったという。またインドネシアのイスラーム運動やイスラーム団体は、これまで一貫して男性主導で発展し、女性たちはこの組織下での女性部門の活動を担わされてきた。本会議は、女性が主導し、これを支持する男性たちが参加し、従来の枠組みを超える男女の協働の形を提示したことにも意義がある。

二つ目は、イスラームのテキストと現代の社会問題の間の壁の越境である。児童婚の議論で見たように、会議では、イスラームの教えを字義的に受け入れるのではなく、社会の実情やジェンダーの視点も考慮して、さまざまな議論が展開し、声明がまとめられた。イスラームの保守転回（Bruinessen 2013）が指摘され、あらゆる事柄がイスラームのテキストの字面に照らして判断される時代の中で、全人類の福利を守るというイスラームの目的を考慮し、こうした風潮に対抗する動きを提示したことは大変に意義深い。ここに国際的な関心も集まり、国連ユニセフでも取り上げられたことは、大きな成果と言える。

三つ目は、社会の分断や国境の越境である。会議の開催により、政治的、社会的分断が進んでいると評されるインドネシアで、それに抗う女性たちの連帯を提示することに成功した。会議の開催は、インドネシア社会で大きな注目を集めたジャカルタ州知事選決選投票の5日後のことだった。現職のキリスト教知事アホックの「クルアーン冒瀆」発言に端を発し、反アホック勢力は全国に拡大、彼らの支持を得た対抗馬のアニスとの一騎打ちとなった決選投票は、ジャカルタ州知事選にもかかわらず、インドネシア社会を二分する戦いとなった。アニスが勝利した決選投票の5日後に実施された本会議は、こうした分断の流れに一石を投じる貴重なイベントとなった。同時に、これは、オブザーバーとして海外13か国からの出席者を集めたトランスナショナルな会議であり、一国内の動きにとどまることなく、国境を越えてムスリム女性たちをつなぐ性格を持っていた。

一方で、越えられなかった壁もある。一つは主催者も参加者も、その多くがNUの活動家たちであり、他のグループからの参加は限定的だったことにある。アハマディヤやシーア派など、近年、インドネシア社会で排除の対象となってきたグループからの参加が見られたこと、所属団体をお互いに公表せずに会議に参加するという形式をとったことにより、組織の代表としてではなく、一人の「女性ウラマー」として参加しているという意識を持たせたことは大いに評価される。しかしながら、大多数のNU関係者の中に、少数の他団体の活動家が混ざる、というような状況をいかに変えていけるか、宗派間の壁をいかに越境していくかは、今後の課題として残るだろう。

また、議論されたテーマ自体は、一般に広く受け入れられやすいテーマであり、これらのテーマを議論する中では、スハルト体制下で確立された妻として母としての女性の役割を越境し、革新するような方向には向かなかった。為政者によって規定されてきた女性の役割を維持しながら、異なるイスラーム諸団体の同意が取り付けられそうなトピックが選ばれた、ということもできるかもしれない。

今回の全国ウラマー会議の開催に対する反響が大きかったことを受け、主催者たちの間では、今後も定期的に会議を開催していきたいという意向がある。一方で、本会議の主催者たちは一組織ではなく、会議開催のために集ったネットワークでしかない。今後、定期的に開催していくためには、新たな組織体を創るのか、緩やかにつながったネットワークの中でその都度開催をしていくのか、結論は出ていない。今回の会議の成果を糧に、参加者たちが各地でさらに活動を活発化させること、そうした女性たちの活動が、社会を変革する力につなげることが、会議の最終的な成果ということになるのではないだろうか。

コラム8

ヒジャブの陰で
――タイ南部パタニ女性たちの挑戦

西 直美

バンコクから南行きの列車に揺られること10時間、南部の大都市ハジャイを越えたあたりから車内にはイスラーム風の衣服を身にまとい、タイ語とは違う言葉を話す人々が増えてくる。タイ語で南部国境3県と呼ばれる地域には、20世紀初頭に現在のタイ王国の一部として編入されるまでイスラーム教育の中心地としても名をはせたスルタン王国パタニがあった。この地域に暮らす人々の大多数は、マレー語パタニ方言を母語とするムスリムである。2004年以降、パタニの分離独立を掲げる武装組織とタイ政府の対立が再燃したことで、いまでは紛争地として知られるようになった。

パタニには、家長に従い、家を守る女性が良きムスリマ（ムスリム女性）であるという伝統的な価値観が根強くある。紛争が激化したのち、こうした旧来の価値観に立ち向かいながら、女性の手によってさまざまな相互扶助ネットワークが構築されてきた。私は、ヌリハヤという女性との出会いをきっかけに、こうした動きとはまた異なる国境を越えたつながりの存在を知ることになった。

パタニ地域の多くの村は、2～3の氏族から構成され、縁戚関係は国境をまたいでマレーシアにも広がっている。ワリス（親族）は共同体の絆を象徴する言葉であり、パタニ地域の大部分を占める村落部の社会構造を規定する重要な概念でもある。ヌリハヤの村には、サウジアラビアやマレーシアで生まれ育った人々や、義務教育終了後にインドネシアやエジプトの大学に進学する女性もいる。ヌリハヤは夫がスパイ容疑で収監され出所したのちに離婚し、2人の息子とともに村に戻ってきた。家族を支えるため、自分の夢をかなえるため、国境を越える女性たちのなかに彼女の姿があった。

ヌリハヤが選んだのが、マレーシアのタイ料理店でウェイトレスとして働くことであった。マレーシアには、全土に通称トムヤム店と呼ばれるタイ料理店が点在している。就労ビザを取得して働くタイ国籍者が数万人という規模で推移するなか、マレーシア国内のタイ料理店は5000店舗近く、働く従業員は20万人に及ぶともいわれている。オーナーと従業員はほぼパタニ地域出身であり、女性の姿が目立つ。トムヤム店の従業員の情報を完全に掌握することは難しく、マレーシア政府は目立った違反行為がない限り黙認に近い姿勢を貫いてきた。他方、タイ政府はマレーシア国内のパタニ地域出身者が分離独立運動に関与しているとの疑念を持ち続けており、両国の外交関係に暗い影を落としている。

ラマダーン明けの祭を家族と祝うために故郷に向かうパタニの人々（タイ国鉄ヤラー駅）

マレーシアで働く理由としてよく挙げられるのが、賃金が高いこと、そして、すでに出稼ぎに出た親族や出身村のネットワークがあることである。彼女たちのアイデンティティの基盤は、タイ国家でもマレーシア国家でもなく、あくまで故郷パタニにある。パタニ地域出身者はマレー民族としての意識を持つものの、皮肉にもマレーシアではサヤーム人（タイ人の意、パタニではタイ人仏教徒を意味する）と呼ばれている。ヌリハヤはマレーシアに来てから、故郷をより強く思うと同時に、タイ語ができることを誇りに思うようになったという。ＳＮＳ上には親族や同郷者のグループがあり、情報交換を欠かさない。越境する女性たちからは、国家や民族の概念に翻弄されながらも、パタニにルーツがあるムスリマとして力強く生きる姿がみえてくる。

これまでも、女性の力がパタニの社会を支えてきたことは疑いようがない。近年では、パタニ地域で多言語放送を行うコミュニティ・ラジオに女性の声コーナーができ、パーソナリティとしてムスリマが登場する場面も珍しくなくなった。女性は指導者になることができないという価値観が強いなかで、２０１９年の選挙では３９１名の女性立候補者のうち、パタニ地域から59名のムスリマの立候補があった。パタニは17世紀から18世紀の黄金期に、４代にわたり女王による治世が続いた地である。混迷する地域情勢のなかで、パタニ女性の矜持が社会を変える日も近いのかもしれない。

コラム9

「ムサワ」の活動とムスリム・フェミニズム

小野仁美

「ムサワ（Musawah）」は、2009年、マレーシアの首都クアラルンプールにて、「イスラームの姉妹（Sisters in Islam）」を母体にして設立された団体である。ムサワの語は、アラビア語で「平等」を意味する。マレーシアは多民族・他宗教の国家であるが、国民のおよそ6割が信仰するイスラームを国教と定めており、イスラームに関するマレーシア語には、アラビア語由来のものが少なくない。イスラームの教えに忠実にもとづきつつ、男女間の平等の道を探ることが、「ムサワ」の活動の目的である。設立集会には、47の国々から250名が参加したという。「ムサワ」は、世界中の活動家や学者、弁護士、NGOなどによって構成され、女性だけでなく男性も多く参加しているという（Zainah 2013, 107-124）。

「ムサワ」は、ムスリム・フェミニズムを代表する団体のひとつとして知られている。ムスリム・フェミニズム（あるいはイスラミック・フェミニズム）という言葉は、1990年代以降、研究者や活動家の間で共有されるようになったものである。イスラームの教義や思想の枠組みの中で女性の地位の向上を目指す人々は、それ以前から存在したが、そうした活動が活性化してきた要因のひとつとして、その多様なネットワークのあり方をあげることができるだろう。女性史研究者のマーゴット・バドランによれば、イスラミック・フェミニズムはグローバルな現象であり、アジアやアフリカだけでなく西側諸国にも存在し、宗教的なものと世俗的なものの境界を越えるものであるという（Badran 2009, 245-247）。

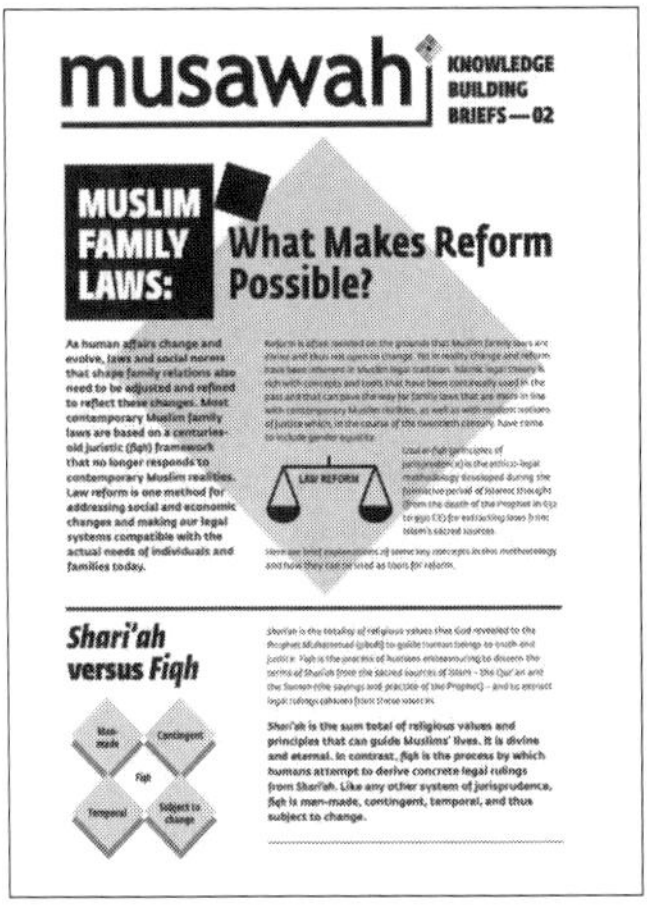

ムスリム家族法改正への提言
（「ムサワ」のウェブサイトより）

「ムサワ」のウェブサイト（https://www.musawah.org/）を訪れてみてほしい。英語で書かれたカラフルなページの数々には、イスラームの教えに忠実に基づきながら、女性の権利を拡大していこうとするムスリム・フェミニズムの立場が、明確にわかりやすく説明されている。多くの女性たちが、世界の人々にそれぞれの考えを発信し、いきいきと活動する様子が印象的である。「ムサワ」と同様の団体は、イスラーム教徒がマイノリティであるアメリカなどにおいても活発にみられ、インターネットを活用して情報を発信している。

「ムサワ」の活動の中心的なテーマは、各国の家族法における男女間の不均衡の是正である。ウェブサイトには、それぞれの国についての調査報告が整理され、ムスリム諸国の家族法の抱える諸問題を問う啓蒙的なリポートが次々にアップロードされている。そして、それらについての具体的な解決を目指して、聖典クルアーンをまず読み直すことが試みられる。

神はもともと人間に男女平等を命じた。ところがそれを解釈し、女性に不利な法規定を作り上げたのは、神ではなく人間である法学者にすぎないと彼らは認識している。そうであるならば、聖典クルアーンに示された規範は、現代の状況に応じて解釈し直すことが可能であると考えるのである（アブー＝ルゴド 2018: 202-205）。

女性の権利拡大を目指す活動の中でなされるクルアーン解釈において注目されているものに、

シャリーアの目的論アプローチがある。シャリーアの目的論は、中世の時代のイスラーム法学者たちによって確立されたものであるが、現代においては、イスラームの規範と西洋由来の人権思想をつなぐための有用な理論であると考えられている。長い年月をかけて男性の学者たちによってのみ解釈されてきたクルアーンを、シャリーアの目的、すなわち神の意図について再考し読み直すことで、不変であるとされてきたイスラーム法を、時代の要請に応じて修正し、男女の平等を実現できるとするのである。

「ムサワ」の活動の成果として出版された書籍である『男たちが管理するのか?』に収められた論考に、ある女性の言葉が紹介されている。イスラーム相続法の男女間の不平等をめぐる問題についてである。ヒジャーブを被った敬虔なムスリムである彼女は、男性と女性の両方が家計を担う現代においては、相続にも平等の権利があるべきだと感じている。しかしやはり、男女の相続分を明示したクルアーンの言葉には逆らうことができないと考えていた。ところが、シャリーアの目的論について知った彼女は、クルアーンそのものに解決を見出せるのかもしれないと思うようになる。彼女は言う。「〔神の意図を改めて探るという〕そうした考え方が、人権と宗教を近づけることにつながるのではないだろうか」と(Sharafeldin 2015: 181)。

ムスリム・フェミニズムは、固定化された聖典解釈の壁を越えることを摸索し、国境を越えて連携しながら拡大している。

コラム10

男女の区別は存在しない
――セネガルのニャセンにおける女性指導者たち

盛 恵子

イスラームにおいて女性は男性に対して劣位であるという通念を、ニャセンの女性指導者たちは覆す。ニャセンは西アフリカのセネガルで、イブラヒマ・ニャス（1900～1975）という学者が、スーフィー教団であるティジャーニー教団の分派として、創始した集団である。セネガルの人口1541万人の95％はムスリムであり、その大部分が、なんらかのスーフィー教団に所属している。

スーフィーすなわち神秘家にとって、イスラームは二つの次元からなる。目に見える、明らかな、すべてのムスリムが知ることができる次元と、隠された、選ばれた少数の者しか知り得ない秘密の次元である。前者はシャリーアの領域であり、後者は神についての知識、すなわちマアリファの領域である。イスラームの精髄は後者の領域にあり、古来スーフィーたちはマアリファを希求した。しかしマアリファは、長く厳しい修行を経なければ得られなかったので、マアリファを獲得した者は少数だった。ところがイブラヒマ・ニャスは、彼自身、あるいは彼が指名した指導者たちから特別の宗教的訓練タルビヤを受けるならば、すべてのニャセン信徒が容易に、かつ短期間で、マアリファを得られると主張した。ニャスは男女両性の指導者を指名し、彼らに免許を与えた。男性指導者はムカッダム、女性指導者はムカッダマと呼ばれる。

ムカッダム／ムカッダマは、希望者をニャセンに加入させて彼／彼女にタルビヤを与えるが、ムカッダム／ムカッダマと加入者は師弟の関係にあり、スーフィーの伝統として弟子は師に身を委ね、服従する。男性の弟子が女性の師に服従するという、セネガルの他のムスリムにとっては考えられないジェンダー関係が、ニャセンにおいては存在する。女性が指導者になり得る理由は、目に見える次元においては身体的な男女の区別が存在するが、隠された次元においては男女の区別が存在しないからである。マアリファを得た者だけが、このことを理解することができる。タルビヤの最後の段階で、弟子の自我は神の中に消滅する。この時彼／彼女は、すべてが一であると知り、神だけが存在すると知る。私は神であり、宇宙は神である。この認識はマアリファであり、この認識を得た後に彼／彼女は日常の意識に戻るが、マアリファによって彼／彼女の内面には、大きな変化が生じている。

ハドゥラトゥル・ジュマーを指揮するセイナブー・ンバチ（前列中央）。女性の弟子の子供を、膝に座らせている（2019年3月1日　ダカール、デルクレ街区）

神の中への自我の消滅によってすべてが一であると知られるとは、スーフィズムの伝統的な思想であり、またこの次元において男女の区別が超越されると述べたスーフィーたちが、イブラヒマ・ニャス以前にもいた。しかしニャセンの独自性は、タルビヤを通じてすべてのニャセン信徒がこのような秘密の認識を獲得し、それを現代の日常生活の中で活かそうとする姿勢にある。

首都ダカールに住むセイナブー・ンバチは、数十人の男女の弟子を持つ。彼女は２００７年に、イブラヒマ・ニャスの息子であり、当時ニャスの第2代後継者であったアフマド・ダーム・ニャスから、ムカッダマの免許を与えられた。セイナブーは商人であり、夫と子供を持つ。

ある日私が彼女の家を訪れたとき、この家の人々は宴会の準備をしており、彼女は他の女性たちとともに床に座り込み、大きな盥《たらい》に入った肉塊を切っていたが、夫はソファに座って指図していた。目に見える領域においては、夫は家長として家を取り仕切る。しかし実は、夫にタルビヤを与えたのはセイナブーであり、彼は彼女の弟子である。セイナブーの弟子たちは、彼女を「ゼイダ」と尊称で呼ぶが、夫は名前で呼び捨てにする。

目に見える次元と隠された次元の二重構造は、毎週金曜日の夕方に、セイナブーが自宅の前で行うハドラトゥル・ジュマーという集団的な儀礼においても見られる。男性たちはセイナブーの夫を中心として輪を作って座り、女性たちはその後ろに、列をなして座る。セイナブーは、女性の最前列の中央に座る。夫はマイクロフォンを持って定められた聖句を繰り返し唱え、皆もそれを唱える。この様子を一見すると、指導者は夫であるように見える。しかしよく見ると夫は、セイナブーが数珠を握って上下に振る右手のリズムに合わせて、聖句を唱えている。セイナブーによれば、この儀礼を行うことのできる力を持っているのは自分であり、隠された次元においては、自分がこの儀礼を指揮している。

目に見える次元での男性の優位、指導権を尊重しつつ、隠された次元においては男女の区別の存在自体を否定するニャセンの立場は、近代的なフェミニズムとは異質である。しかしこの認識は、特に女性のニャセン信徒にとって、目に見える現実世界における自己実現の思想的基盤となり得るのではないだろうか。事実、イブラヒマ・ニャスの娘であるマリヤマ・ニャスは、ムカッダマであるだけでなく、イスラーム学者として、また、西洋教育の学科とイスラーム諸学をともに教える近代的な、ダカールで最もレベルが高い学校のひとつの創設者として、セネガルの人々の間で広く尊敬を受けている。

第12章 イスラエル人女性による平和運動「Women Wage Peace」——パレスチナと世界との連携を求めて

小林和香子

はじめに

2014年秋、イスラエル政府に対して、パレスチナとの和平合意を求め、和平交渉への女性の参加を求めるイスラエル人女性による平和運動「平和のために行動する女性たち（Women Wage Peace：WWP）」が誕生した。5年目を迎えイスラエル人のメンバー登録数は約4万3000人となり、現在イスラエルで最も多くの支持者を有する平和運動となった。しかし、平和を唱える彼女たちを取り巻く環境は厳しい。

イスラエル政府とパレスチナ解放機構（PLO）は1993年に「パレスチナ暫定自治合意（オスロ合意）」を結び、隣人同士として共存していくための解決策を模索し始めた。しかし、オスロ和平プロセスは暗礁に乗り上げ、その後の交渉も行き詰まり、暫定的に設置されたパレスチナ自治区（国連や多くの国がパレスチナ国家として認めるようになっている）は依然としてイスラエルの軍事占領下に置かれ、度重なる暴力により、双方の不信感は増すばかりである。特にイスラエルでは、パレスチナとの和平の必要性を疑問視する声が強まっている。そして、「左派」と呼ばれるパレスチナとの和平推進派やパレスチナ人の人権を擁護する個人や団体は、社会から厳しく非難され、暴力にさらされることも少なくない。さらに彼らの活動を制限するための法律も相次いで制定された。また、家父長的な側面と厳格な宗教的教えが色濃く残るイスラエル社会では、女性が和平、すなわち国家安全保障に関わる事柄について意見することに批判的な傾向がみられる。

パレスチナとの和平を訴えるWWPの女性たちが、それでは、いかにしてさまざまな問題を回避しながら、パレスチナを含めた国外との連携に向けて努力しているかについて、現地調査による情報も踏まえてみていきたい。

1 イスラエル社会と和平について

オスロ和平プロセスは「土地と平和の交換」という枠組みの下、平和のために、イスラエルが管理下におく西岸・ガザのほとんどの土地をパレスチナ（自治）政府に移譲することを前提としていた。オスロ和平プロセスに対するイスラエルのユダヤ人の支持率は、当初から半数を超えることはなかった。そして、反対派の抗議活動は時に過激化し、オスロ合意に署名した、ラビン首相の暗殺にまで至った。

なぜなら、ユダヤ教徒にとって、歴史的パレスチナ（現在のイスラエルとパレスチナ自治区西岸およびガザ）はユダヤ教徒が神から与えられた約束の地であり、エルサレムはもとより西岸やガザにも住む権利があると信じているからである。第三次中東戦争に勝利して得た土地だから返す必要はない、そもそもパレスチナ国家は存在したことがなく、「パレスチナ人」も存在しないのだから、土地を「返す」相手ではないとする意見を唱える人もいる。

さらに、労働党のバラク首相が、2000年に米国主導で行った和平交渉が物別れに終わった全ての責任を当時のアラファトPLO議長に押しつけ、「和平のパートナーはいない」と語って以降、「パートナー不在」説が主流になっていった。パレスチナ人を「テロリスト」とみなし、国家安全保障のために、一方的な軍事行動を取る方針を強めていったのである。2005年にイスラエル政府がパレスチナ自治区のガザから一方的な撤退を強行し、軍が抵抗する入植者を力ずくで退去させたことは国民的なトラウマとなった上に、その後ガザからのロケット攻撃が増えたことで、領土からの撤退は、国家の安全を脅かすものだという考えが浸透していった。

イスラエルの皆兵制度では、ユダヤ教徒の国民は例外を除き18歳から男性は3年間、女性は2年間兵役に就き、男性は50歳頃まで毎年1か月間予備役兵として、また緊急時にも招集される。またこの皆兵制度は、異なる出自や文化や宗派によりコミュニティが形成され、さまざまな格差が問題となっているイスラエルの「モザイク社会」を団結させる機能も果たしている。さらに、軍需産業ならびに軍事技術を民間技術に転用したハイテク産業などは、イスラエル経済を支えている。軍はこの国で最も信頼されている政府組織でもある。

2008年、2011年、そして2014年と、ガザの「テロリスト」にロケット弾を打ち込ませないため、そして捕虜となったイスラエル兵士を取り戻すために、イスラエル軍は圧倒的な軍事力でガザに侵攻し、大半のユダヤ教徒の国民がそれを熱烈に支持した。

しかし、2000年の第二次インティファーダ以降、入植地の拡大、「分離壁」の建設、検問所の設置などにより、西岸・ガザのパレスチナ人の人権や尊厳が脅かされるなか、イスラエルの人権団体などの活動も活発になる。入植地を和平の障害として監視する「ピースナウ」、パレスチナ人の医療を支える「人権のための医師団」、入植者からの攻撃に備える「人権のためのラビ」、検問所におけるイスラエル軍の行き過ぎた行動を監視する「検問所監視団」、「壁」の建設によって農地や水源を奪われたパレスチナ人による抗議運動に参加する「壁に反対するアナキスト」、イスラエル軍によるガザでの人権侵害について調査報告する「ギシャ」や、長期間にわたる軍事占領がイスラエル社会の軍事化を強化し、それが家庭内暴力や性暴力にまでつながっていると警鐘を鳴らし兵役拒否を支持する女性団体「ニュー・プロフィール」。イスラエルの占領に加担しないよう、パレスチナのNGOが世界的に呼びかけている「BDS（ボイコット、投資撤収、制裁）運動」を支持する人々。このような個人や団体は、「アラブ・ラバー」、「裏切り者」、「非国民」などと呼ばれ、社会から非難され、孤立している。イスラエル社会において、「平和」という言葉は、パレスチナとの和平という意味合いにおいては、このように「汚れた言葉」ともみなされるようになっている。

イスラエル政府は、このような人権団体などによる自国のネガティブなイメージを払拭するために、国外に向けた広報キャンペーン「ブランド・イスラエル」で対抗し、これらの団体の活動を制限するための法律、「ボイコット法」、「ナクバ法」、「NGO法改定」を次々と制定していった。

2 「平和のために行動する女性たち（Women Wage Peace）」とは

さて、本章で取り上げるイスラエル人女性による平和運動「平和のために行動する女性たち（Women Wage Peace）」（以下、WWP）は、2014年、イスラエルによるガザへの軍事攻撃で多くの死傷者が出た

上：ティベリアのキブツで行われた平和のワークショップの様子
下：白い服にターコイズブルーを身につけ平和ウォークに参加する女性たち（2017年10月）

ことを受けて生まれた。ガザではこの攻撃で２２００人以上が死亡、１万人以上が負傷、イスラエル側もガザからのロケット弾で、主にガザとの境界付近のスデロットなどの住民６人が死亡、８００人以上が救急車で運ばれ治療を受けたと報告されている。そして7年間に3度の「ガザ戦争」を体験し、2度と戦争をしてはならないと考えるようになったイスラエル人女性たちが、犠牲者を出したスデロットへの訪問を呼びかけ、連帯を表明し、それがＷＷＰの始まりとなったのである。

ＷＷＰの運動は、まず二つの目標を掲げ組織された。その目標の一つはパレスチナとの和平合意をイスラエル社会や政府に求めていくこと、そしてもう一つは国連安保理決議１３２５に基づき和平交渉に女性を参加させるということである。

これらの目標達成のために、ＷＷＰはイスラエル各地のあらゆるコミュニティの女性たちから幅広い支持を取り付け、イスラエル政府に実質的影響を及ぼすのに必要な「クリティカル・マス」を獲得するという戦略をとっている。また特定の政党と関係を持たない草の根運動であることを強調し、和平合意の内容について敢えて明確な意見を示さず、また「占領」という言葉も使わない。シンボルとしては、平和を意味する白い服とターコイズ・ブルー（イスラエル国旗の青とパレスチナ国旗の緑を掛け合わせた色）のスカーフを身にまとうことにしている。それは占領に抗議する女性団体「喪服の女性たち」が黒い服をシンボルとしていることと極めて対象的である。

２０００年に採択された国連安保理決議１３２５は、女性が紛争の影響を受けていることを認識し、紛争予防・紛争解決・和平プロセス・紛争後の平和構築・ガバナンスの全ての段階における意思決定に女性の積極的な参画が必要であるとしている。女性が和平合意の署名者、仲介者、交渉担当者となることで、合意内容が15年間持続される可能性が35％高くなるとする調査結果を、近年、国際平和研究所が発表しており、和平合意に女性の視点が反映されることの重要性を明らかにした。しかし、合意に至らなかったオスロ和平プロセスとその後の交渉においては、作業部会やバックチャネル交渉を除けば、公式な交渉テーブルに着いた女性は、パレスチナ側からハナン・アシュラウィ（１９４６〜）、イスラエル側からツィッピー・リヴニ（１９５８〜）のみとされる。

イスラエルでは、２００５年に和平交渉や外交関係を含む国家決定プロセスに女性の参加を約束した女性平等法改定法案が成立し、フェミニスト団体が作成した「国連決議１３２５の適用のための包括的行動計画」が２０１３年11月に国会に提案されたが、まだ採択にはいたっていない。パレスチナでは国連決議１３２５を支持する大統領令が２００５年に発令され、同行動計画は２０１５年に女性省などにより構成された特別委員会で決定されている。ＷＷＰは国連決議１３２５を掲げることで、同じ関心を持つパレスチナや国際社会との連携や団結も期待しているのである。

ＷＷＰは二つの女性運動を手本としている。一つは、イスラエル人女性の反戦運動「4人の母親（Four Mothers）」で、イスラエルがレバノン南部を軍事占領していた1997年にヘリコプターの墜落事故により73人の兵士が死亡したのをきっかけに、レバノンで兵役についている息子を持つ母親たちが、レバノンからの撤退を求めた運動である。都市部のエリートではなく、北部のキブツで暮らす女性たちが中心となった運動で、母性を前面に出してデモや抗議活動を行うと同時に、緻密なデータ収集と分析を行い、軍のエリートが独占していた国家安全保障の領域に挑戦した。そしてそれは2000年6月にバラク首相（当時）にレバノンからの軍撤退を決断させたことから、女性による反戦運動の成功例ともされている。

もう一つは、リベリアにおける、レイマ・ボウィが中心となって15年続いた内戦の終結を求めた女性の平和運動である。レイマ・ボウィは、農村や市場で働く女性たちを平和の担い手として育成し、選挙登録を促すなどの活動を行ってきた。運動のメッセージは「リベリアの女性は今すぐ平和が欲しい！」というシンプルで力強いものだった。キリスト教徒とイスラム教徒の女性たちが共にその宗教的差異を越えて連帯し運動に参加した。平和と連帯のシンボルとして、白色の服とスカーフを身につけた女性たちは、首相官邸前で和平合意を求めて座り込みを行った。またアフリカの他地域の女性運動とも連携して、国外で開催された交渉会議会場にも出かけて座り込みを決行し、合意するまでその場を離れないと紛争当事者たちに迫り、2003年の和平合意への署名の実現に寄与した。その功績が認められ、2011年にはノーベル平和賞を受賞した。

ＷＷＰの核となる活動も、全国各地のコミュニティやキブツに出向き、それまで平和運動に参加したことも、誘われたこともなかった女性たちに、平和について考える場を提供し、パレスチナ人と平和に共存できることの説得に努めている。同時に、イスラエル人口の約2割を占めながら、二級市民として扱われているイスラエルに居住するパレスチナ人との交流にも力を入れ、互いの宗教的行事を共に祝うなどしてコミュニティ間の関係を深めながらＷＷＰへの支持につなげている。さらに、主要な交差点で和平合意を求めるプラカードを掲げ、平和キルトを作成し展示することで、平和のメッセージを広めている。加えて、リベリア人女性の平和運動のドキュメンタリー映画『悪魔よ地獄へ帰れ（*Pray the Devil Back to Hell*）』の上映会を各地で行い、実際に和平を実現させた女性たちの例を見ることで、自分たちの自信につなげようとしている。

ＷＷＰは「草の根」かつ「民主的」であることにこだわりを持っている。そのため、ＮＧＯとして登録した組織ではあるが、常勤スタッフ2名以外は全員がボランティアである。運営委員会（Steering Committee）の4名は、毎年新たに選出される。また、全国レベルで戦略、戦略パートナーシップ、戦略コミュニケーション、デジタル、政府連携、パレスチナ・国際社会広報などの12のチームとコーディネーターを配置し、50以上の地域にチームとコーディネーターがいる。そして運動に関する重要事項については、主要メンバー約１００人が会合で決定している。

全国規模のイベントでは、女性同士の連帯を深め、西岸のパレスチナ人女性と直接会う機会を提供し、メディアに取り上げられることで国内外に活動を広め、新たなメンバーの獲得にもつなげている。２０１6年夏には、初めての平和ウォーク「希望の行進（March of Hope）」を開催し、2週間にわたりイスラエル各地をめぐり歩いた。最終日にはレイマ・ボウィも駆けつけ、西岸のヨルダン渓谷を歌を歌いながら歩いたが、約４０００人の参加者のうち１０００人ほどが西岸のパレスチナ人だった。その夜、エルサレムで行われた平和ラリーには、2万人が参加した。

上：ジャッファの平和ウォークで住民と触れあう参加者たち
下：ヨルダン渓谷の巨大テントに集うイスラエル人とパレスチナ人の女性たち（2017年10月）

翌２０１７年秋には、２度目の平和ウォーク「平和への旅路（Journey to Peace）」が開催された。筆者も参加した北部の町ティベリア、イスラエルのパレスチナ人が過半数を占める北部の町ナザレ、ユダヤ人とイスラエルのパレスチナ人の両方が暮らす「ミックス・シティ」と呼ばれるジャッファのウォークや集会には、家族連れが多く、終始和やかな雰囲気で、ユダヤ人とイスラエル在住のパレスチナ人が一緒にテーマソングなどを歌ったり踊ったりして楽しんでいる様子だった。式典には各地の有力者である市長や、ユダヤ教、イスラーム教、キリスト教などの宗教指導者、および著名な女性たちが参加しＷＷＰへの支持を表明していた。ウォークの最終日は、西岸のパレスチナ人女性約２０００人を含む約８０００人がヨルダン渓谷を歩き、巨大テントの下で半日を過ごした。さらにその夕方のエルサレムでのウォークには３万人もの老若男女が参加した。

WWPは、直接政治家に働きかける活動も積極的に行っている。例えば、2015年7月には、前年のガザへの軍事侵攻と同じ時期に同じくその50日間、首相公邸前にテントを張りハンガーストライキを決行した。ネタニヤフ首相との会談を実現させ、「すぐにでもアッバース・パレスチナ大統領に会って交渉する用意がある」と言わしめた。事実、辛抱強いロビー活動の結果、2017年1月には、イスラエルの国会に「平和と安全保障の女性委員会」が設置された。そして、2019年4月の統一選挙を控えた3月には、テル・アヴィヴに「母親のテント」を設置し、「暴力では紛争は解決しない」、「平和のパートナーは存在する」と呼びかけ、各政党に紛争解決を議題に入れるように求めた。9月の再選挙に先駆けて開催した3度目の平和ウォーク「希望への旅路（Journey to Hope）」でも、紛争の外交的解決を議題の上位に位置づけるよう求めた。そして、2019年の冬期国会においては、紛争の解決に向けた外交的な代案に時間と労力をかけることを政治家に義務づける「政治的解決優先」法案を提案している。

3　イスラエル国内の反応

2017年のウォークイベントに参加していたユダヤ人女性たちは、個人として、母親として、パレスチナとの紛争にうんざりし、現状を変えたいと思い、活動に参加していた。以下は、その折の聞き取り調査に基づく情報である。

・ガザ近くの町在住の仕事を持つ母親（50代）：左派政党に投票したことはありません。ガザから発射されたロケットが自宅の庭に着弾しました。その時、もう戦争を終わらせなくてはならないと思ったのです。多くのイスラエル人は「占領」という言葉を聞くだけで怒り出します。でもWWPは「占領」という言葉を使わないし、人々を分断させるのではなくつなごうとしているから、このイベントに参加しました。私は「平和」より「希望」という言葉を使いたいと思っています。

・中部在住の元ハイテク会社の重役（60代）：2014年のガザ戦争で、自分が母親としてまったく失格だと感じるようになったのです。何かをしなくてはと思いスデロット行きの電車に乗ったのが、WWPとの関係の始まりです。

・エイラットの精神科医（50代）：初めて平和運動に参加しました。体の内側から私の求めているものは、これだと感じました。今ではWWPの地域のコーディネーターとして運動を広めています。

・西エルサレム在住の建築家（40代）：平和への希望を失い、家でふさぎこんでいた私に、WWPは希望と勇気を与えてくれました。活動に参加することで、また外に出て人生を生きられるようになりました。

・幼い子どもを持つ母親（30代）：子どもを幼い時から兵士として教育して欲しくないのです。子どもを戦地に行かせたくない。そして、母親として何もしなかったと言われたくないから、WWPに参加しました。

WWPは、実際にパレスチナ人との平和を求める女性を着実に増やしている。しかし、メディアで取り上げられることが増え、活動が広まるなかで、批判的な声も出てきている。例えば、右寄りのメディアとされるArutz 7やChannel 20は、WWPを「左派」と断定し、冷ややかな扱いをしている。一方、「左派」とされる人権団体や活動家からは、和平の方向性を提示せず、目的がはっきりしないという批判を受けている。人権団体ベツェレムの理事オルリ・ノイは、「50年におよぶ軍事占領を無視して、使い古された暴力的な紛争における女性の役割を掲げている」として酷評している。

かつて「4人の母親」運動の中心人物で、WWPのアドバイザー的存在であるオルナ・シモニ（1941〜）は、「4人の母親の運動を始めたときは、レバノンから撤退すべきというコンセンサスがある程度あり、撤退する場所に入植地はなかった。しかし今は、パレスチナとの和平についてのコンセンサスがなく、入植地が増え続けているため、WWPの目標達成はより難しいものとなっている」とも語っている。

4　パレスチナにおける反応

2017年の西岸ヨルダン渓谷での平和ウォークには、約2000人のパレスチナ人女性が西岸から参加し、アッバース大統領からは、女性たちの努力を称えるメッセージが寄せられた。大統領は2016年にも、WWPの女性たちを大統領府に招いている。しかし、そのことが大々的に報道されることはなかった。

1967年に始まったイスラエルの軍事占領下において、パレスチナ人は社会福祉サービスもほとんど受けられない劣悪な生活環境におかれた。人々の生活を支えるために、医療団体、教育団体、共同組合、慈善事業、商工組合、宗教団体などの組織が次々と誕生し、連携し合い、それらは「影の政府」と呼ばれることもあった。また、男性が拘束されたり、隠れて生活するなかで、女性たちは男性に代わり、より大きな役割を担ってきた。特に、第一次インティファーダの数年間、女性たちはイスラエルの軍事占領に抗議するデモの先頭に立ち、厳しい弾圧に耐え、国際的な世論を味方につけ、オスロ合意を引き出したと自負している。そしてこうしたパレスチナ人女性の行動に触発されて、イスラエルのユダヤ人とパレスチナ人女性たちによる連帯活動が始まったのである。

しかし、オスロ合意後も占領は続き、悲願の主権国家の樹立はできていない。パレスチナ人の和平の条件は、エルサレムを首都とした独立主権国家の樹立、難民の帰還権の承認、そしてイスラエルによる謝罪である。それらが実現されることなく、占領者であるイスラエル側と交流することは、現状の「正常化(normalization)」であるとして、パレスチナ社会、特に人権団体からは非難を受けることとなっている。

BDS運動全国委員会は、WWPのエルサレムでの集会を「フェミニスト的な正常化行進」と揶揄し、サボタージュを呼びかけ、「平和ウォークのような共生プロジェクトはまやかしで、私たちの社会に占領を蔓延させ、民族の統一を阻むものだ」とする声明を発表した。ハマスもまた、ウォークに参加するパレスチナ人は、イスラエルの占領を「正常化」させるものとして非難する声明を発表した。

しかし、そのような非難を受けることを覚悟しながら、WWPの活動に参加するパレスチナ人女性たちもいる。以下は、そうした女性たちの生の声である。

・東エルサレム在住のNGO関係者(50代)でWWPのアドバイザー的存在:私がウォークに参加するのは、パレスチナ人が平和を望んでいることをイスラエル人に訴えるためです。パレスチナに平和のパートナーがいることをわかって欲しいのです。私たちが平和のパートナーなのです。

・東エルサレム在住の大学関係者(40代):私がWWPの活動に参加するのは、パレスチナ人の置かれた苦境をイスラエルの人々に伝えたいからです。でも、何故「占領」と言えないのかは理解できない。それが現実なのに。入植者を運動に参加させたいからでしょうか? 私は平和活動家になりたいと思っています。しかし、そのためには、もっと知識と経験が必要です。イスラエル人と対等に話ができるようになりたいのです。

・ナブルスのジャーナリスト（30代）：WWPの活動を通して、私はイスラエルの人に、占領下のパレスチナ人の生活の厳しさを訴えたいのです。WWPの活動に参加するという理由で、イスラエル当局からエルサレムに入る許可を得ることができました。もう切れてしまいましたけど。いつかエルサレムで働いて、もっと強い自分になりたいと思っています。

5　国際社会の反応

WWPは、国際社会からもイスラエル政府に和平を促してもらうために、支持・連帯を得ようと懸命に努力している。2017年の平和ウォークでは、海外の個人やメディアのために、国際社会担当のコーディネーターが各地の移動を手配し、ワークショップなどでは通訳も行った。その効果もあり、イベント直後のWWPのホームページによれば、地元イスラエル紙数社に加え、CNN、Aljazeera English, ABC News, CBS、Fox News や Reuter, New York Times, Washington Post, Independent, Japan Times などの海外の著名なメディアを含め、合計約150件の報道があった。

WWPのホームページにリンクされている団体のプロモーションビデオは、ヘブライ語に加え、パレスチナ人や国外の人も意識して、アラビア語と英語を混じえた歌詞のテーマソング「母たちの祈り（Prayer of the Mothers）」を使用し、世界中の600万人近くの人々がすでに視聴したとされている（2019年9月現在）。

ＷＷＰの主な資金の半分は、海外の主にユダヤ系の対話・平和構築基金からの助成金によっている。しかし、米国に本部がある代表的な基金ニュー・イスラエル・ファンド（New Israel Fund）は、左派寄りというイメージがあることから、ＷＷＰは初年度以降の助成の申請を取りやめた。

ＷＷＰメンバーは、米国、ドイツ、イタリア、スペイン、ブラジル、南アフリカなど数多くの国の平和会議や女性ウォークなどに招待されている。特に米国では、和平推進を支持する親イスラエル・ロビーであるＪストリートが、ＷＷＰの米国での活動に力を貸している。また最近では、イスラエルのユダヤ人と共にイスラエルのパレスチナ人も、このような国外での活動に参加することが増えている。

おわりに

草の根の平和運動を標榜するＷＷＰは、都市部から離れたコミュニティにも足を運び、それまで平和運動に参加したことも、誘われたこともなかった女性たちに、パレスチナとの平和について語りかけてきた。そして、手あかがつき汚れたイメージがついてしまった平和という言葉に、もう一度希望を吹き込もうとしている。誕生から5年で約4万3０００人もの女性たちがメンバー登録し、今ではイスラエルで最も大きな平和運動となり、イスラエルのユダヤ人とパレスチナ人をも結び付けている。平和運動を取り巻く環境が厳しいなかでも、一定の成果を上げていることは間違いないだろう。

しかしその数は、イスラエル人口約８８０万人（２０１7年イスラエル中央統計局調べ。東エルサレム含む）の僅か０・５％にも満たないものでもあり、その影響力も限られている。２０１９年に2回行われた統一選挙においても、ＷＷＰは各政党にパレスチナとの和平交渉を議題に含むように求めたが、ほとんど聞き入れられることはなかった。

また、これまでのように紛争の具体的な解決案も「占領」という言葉も避けたままでは、和平のパートナーである西岸・ガザのパレスチナ人の支持を拡大していくことは難しいだろう。それは、国際社会に対しても同じことが言えるだろう。

国連決議1325は、女性の和平交渉への参加を確かに提唱してはいる。それでは具体的に、どのように女性を参加させ、女性の視点を反映させれば、パレスチナ人とイスラエル人は長い紛争と占領を終わらせることができるのだろうか。それらによって被った多くの被害や痛手について相互の認識を深め、その損害を補償し、傷を癒やし、二度と同じ過ちを犯さないようにできるのだろうか。そのような提案はまだなされていない。

今後、WWPの運動がさらに国内のみならず国外でも支持層を広げ、力をつけていくためには、このような数多くの課題に応えていかなければならない。それはわれわれ日本人にとっての平和との向き合い方とも、無関係なものではないだろう。今後も、彼女たちがどのように舵を取って行くのか、注視していきたい。

コラム11

「水＋塩＝尊厳」
――パレスチナの囚人をめぐる運動

南部真喜子

パレスチナの通りを歩くと、アラビア語で「水＋塩＝尊厳（mayy + maleḥ = karāma）」と書かれた壁への落書きやポスターを見かける。水と塩は、イスラエルの刑務所に収監されているパレスチナ人囚人たちが、ハンガー・ストライキ（ハンスト）を行う時に、唯一口にするものである。「水＋塩＝尊厳」あるいは単に「水と塩」の言葉は、監獄にいる囚人たちへの共鳴を表すスローガンなのだ。

イスラエルの占領下にあるパレスチナでは、家族のなかで一人も逮捕経験者がいないという家はないと言われるほど、逮捕や投獄は身近な問題として存在する。刑務所内での処遇や環境の改善、家族面会の権利を要求する囚人たちのハンストの歴史も長い。近年でも１０００人規模の集団ハンストが刑務所内で数年ごとに起きている。ハンストは約1か月以上続き、パレスチナ各地の街や村の一角で、連帯を示すテントが張られる。テントの周りを囚人たちの顔写真入りのポスターが飾る。

「水と塩＝尊厳」のグラフィティ。ヨルダン川西岸地区アブ・ディスにて（2016年11月20日）

近年の囚人運動をとりわけ象徴するのが、個人でハンストを行う囚人たちの存在である。彼らのほとんどが「行政拘禁」により、逮捕の理由を明かされないまま無期限に拘束されているのである。イスラエル治安当局の機密情報にもとづき逮捕されるのは、政治活動家や指導者に限らない。誰もが対象となり、その理由は分からない。行政拘禁に置かれている囚人は、数の上では多くはないものの、不当な逮捕と終わりの見えない収監に抗議してハンストが始まると社会の注目を集める。連日のように健康状態が報道され、囚人の似顔絵が道に現れる。囚人の人々が訴えるのは、囚人の基本的人権と尊厳である。囚人たちによるハンストは、「尊厳のストライキ（iḍrāb al-karāma）」とも呼ばれている。

その一方で、今日のパレスチナでは道に出て声を上げる人たちの呼びかけに、多くの人が集まらないという難しさも抱えている。ソーシャル・メディアでは注目されているように見えても、現場で出会う活動家や囚人家族の顔ぶれはなんとなく決まっている。ハンストが終わると、支援の盛り上がりも沈静化する。

1980年代半ば、インティファーダと呼ばれる占領の終結を目指した民衆運動が盛んだった時代、逮捕や投獄は一種の通過儀礼であった。刑務所は、教養や政治議論を深める「大学」とも言われたほどである。だが、その後の和平交渉はとん挫し、占領の終結と独立が果たされないまま運動も失速した。パレスチナ社会の一体性を再び形成することは容易ではない。「抵抗して刑務所に入って、それで政治が変わるのか」。パレスチナ自治政府による逮捕や締め付けさえもが強まる今では、そんな声も聞こえてくる。だが、だからこそ、人々は国や民族の大義を超えた普遍的な尊厳を望んでいるのではないだろうか。

監獄は基本的には男性の場所だと見なされがちだ。女性囚人の数が少ないことも背景にあるが、監獄と女性の問題は、一般的には収監中の息子や夫、恋人を待つ姿に象徴されやすい。しかし、日本でも紹介された、ブセイナ・ホーリー監督の作品『Women in Struggle ―目線―』（2004年）は、世代の異なる4人の元女性囚人たちが、過去の投獄体験と出所後も続く困難を語るドキュメンタリーである。その中に登場するアーイシャ・オウデはその後、自らの体験を綴った本を刊行している。最近では、イスラエルの刑務所内で子どもを産み、育てた女性たちの実際の体験をもとに、親子と他の女性囚人たちとの交流を描いた映画『ラヤルの三千夜』（マイ・マスリ監督、2015年）が、パレスチナをはじめ、日本や海外の映画祭でも上映された。これまであまり語られてこなかった女性たちの刑務所での体験が、こうして少しずつ明らかになってきている。

　このコラムを書いている現在、自らの行政拘禁に抗議するハンストを約40日間にわたり続け

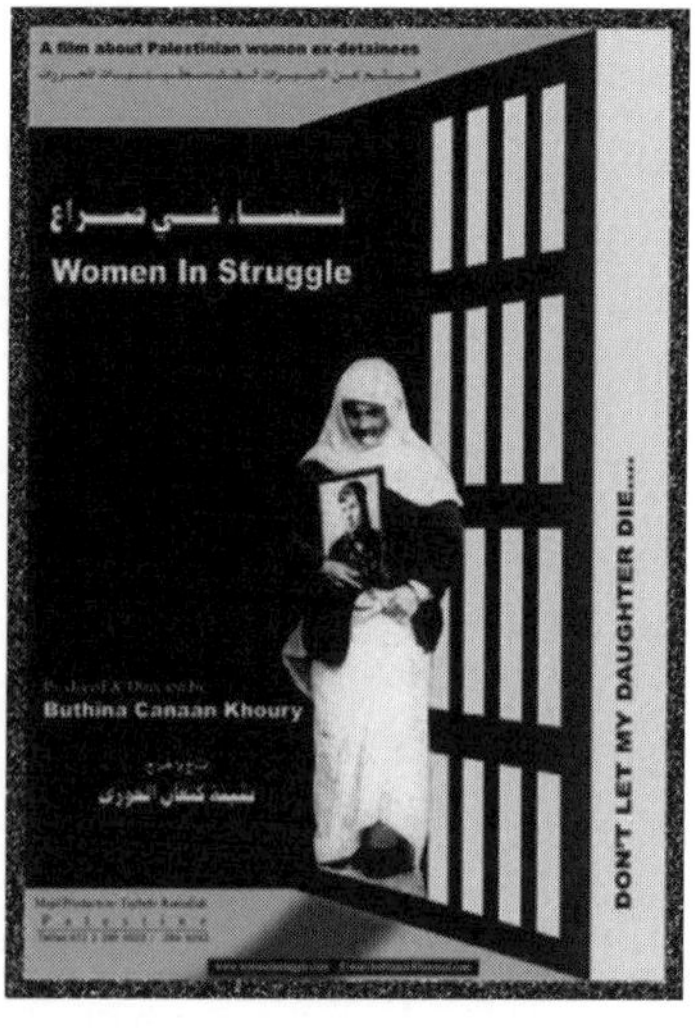

ドキュメンタリー『Women in Struggle ―目線―』のポスター。抵抗運動に参加し、刑務所で過ごした女性たちの体験がパレスチナ社会で語られるきっかけともなった作品である。
http://www.webdice.jp/event/detail/18470/

映画『ラヤルの三千夜』のポスター。監督はこの映画制作のために、時間をかけて緻密な調査を行い、元囚人女性たちへのインタビューを続けた。
http://www.eurospace.co.jp/works/detail.php?w_id=000274

ていた、ヨルダン出身のパレスチナ人女性ヒバ・アル＝ラバディの釈放をイスラエル当局が決定したという報道にふれた。彼女は２０１９年８月に、親戚の結婚式に出席するために西岸地区を訪れた際、これまでの多数の収監者がそうであったように理由を告げられず逮捕されたのだという。エルサレムを含め、パレスチナ各地やヨルダンでは小規模ながらも彼女の釈放を求める抗議行動が行われていた。「尊厳」という言葉に込められた意味を、私たちも今、あらためて見つめ直したいと思う。

コラム12

中東におけるラップとジェンダー

山本　薫

イランで暮らすアフガニスタン難民の10代の少女が、望まない結婚を強いる家族や社会の慣習に抵抗の声を上げる手段として選んだのはラップだった。額にバーコードを描き、自分たちは売り物じゃないと訴えるミュージックビデオをユーチューブに投稿して、大きな反響を呼んだこの少女に密着したドキュメンタリー映画『ソニータ』（2015年）は、世界各地の映画祭で受賞し、日本でも公開された。ソニータがラップを始めたきっかけとして、イランを代表するラッパーのヤスと、米国のエミネムの名を挙げているのは象徴的だ。このことは米国発のラップがイランでも聴かれているというグローバル化の側面と、ヤスやヒッチカスといった先駆者たちによって始められたペルシア語ラップが、ローカルな音楽文化として完全に定着しているという側面を共に示している。

1970年代に米ニューヨークで生まれたラップは、現在、最も人気のある音楽ジャンルとして世界各地で受容されている。その過程で、英語ではなく各地域の言語でラップが試みられるようになり、中東でも2000年代以降、ペルシア語やアラビア語といった地元の言語を用いたラップが一般化した。その詞には多くの場合、貧困や格差、抑圧的な政府や社会への批判や反抗といったメッセージが込められている。

男性ラッパーに比べて数は少ないものの、レバノンのマリカやパレスチナ系イギリス人のシャディア・マンスールのように、高く評価される女性ラッパーも存在する。彼女たちは必ずしも女性としての経験を歌うわけではないが、例えばモロッコで女性ラッパーの草分けとされるスルターナは、父権的な社会構造の中で生きる女性の声を伝える役目を明確に意識している。2010年に彼女がリリースした『女性の声』では、売春という社会的にタブーとされるテーマを扱い、世界的に注目された。愛した男に利用され、あるいは貧しい家族を養うために路上で体を売る女性たちを「大勢のモロッコ人女性の一人」としてうたい、「彼女たちはあなたの母かも姉妹かもしれない。それは私やあなたのことかもしれない」と、彼女たちを安い商品として消費する男たちの欺瞞を鋭く突いている。

米国のラップには女性蔑視や同性愛嫌悪といったネガティブなイメージがつきまとうこともあるが、中東の場合、女性へのハラスメントや差別的な扱いを社会問題として取り上げる男性ラッパーは少なくない。なかでもパレスチナのラップグループDAM（ダーム）は、ジェンダーの問題を強く意識した作品を発表し続けてきた。

1999年にイスラエル領内の3人のパレスチナ人男性によって結成されたDAMは、アラビア語ラップの先駆者とみなされている。彼らの曲の多くはイスラエルの中のマイノリティとして生きる苦悩や、イスラエルの差別政策に対する抵抗をテーマとしているが、同時に彼らは自分たちの社会が抱える暴力や麻薬、女性差別などの問題も鋭く批判してきた。2015年に女性メンバーを正式に加えてからは、特に女性の問題を取り上げた作品が目立つようになっているが、それ以前から彼らは女性シンガーやラッパーと共演し、自由や尊重を求める彼女たちの声を発信してきた。

彼らが女性の声を重視するのは、イスラエルの差別的政策を批判する自分たちが女性の自由や権利を抑圧するのは許されない、という考えに基づいている。2006年のファーストアルバムに収録されている『自由は女性』には「お前が他の奴らを不当に扱うなら、お前も同じ目にあう。これは無知な習慣や馬鹿げた風習のあいだをさまよう俺たちの母や姉妹たちのための言葉」という詞が含まれ、アラビア語で「自由」という単語は女性形であることにかけて、

『もし時を遡れたなら（If I could go back in time)』PVのスクリーンショット（DAMのオフィシャルサイト https://www.damofficialband.com/media より）

「そもそも自由っていうのは女性なんだ」と歌われる。２０１９年の最新アルバム内の『あなたの体／彼らの体』では、女性メンバーの言葉で「あなたが抗う時、彼らのシオニズム性が傷つく。私が抗う時、彼らの男性らしさも傷つく」と歌われており、シオニズムへの抵抗と男性優位主義への抵抗が重ね合わされている。

　こうした姿勢が広く支持されているＤＡＭだが、２０１２年の『もし時を遡れたなら』で、いわゆる名誉殺人の問題を取り上げた際には、中東のジェンダー問題の著名な研究者であるライラ・アブー＝ルゴドとマヤ・ミクダシが連名で公開書簡をオンラインマガジンに投稿し、この問題がパレスチナの女性たちが置かれている複雑な構造的暴力の脈絡から外され、「アラブの文化的後進性」に矮小化されることへの強い懸念を表明する事態が起きた。この曲は、望まない結婚を強いられ、国外に逃げようとした女性が兄や父に殺されてしまうという悲惨な事件

を、彼女が殺された瞬間から時を巻き戻すように物語るもので、まるで短編映画のような完成度の高いミュージックビデオが公開されている。

名誉殺人がイスラエルや欧米のメディアによって、反アラブや反イスラームのキャンペーンに利用されることを懸念するアブー＝ルゴドらに対し、この曲は過去数年にわたって実際に自分たちの地元で家族に殺された何人もの女性たちの証言なのだとDAMは反論した。パレスチナは女性が男性親族によって殺されるいわゆる名誉殺人が行われている地域のひとつであり、イスラエル国中のアラブ人コミュニティにおいてもそうした事例が数多く報告されている。

自分たちのコミュニティ内で起きている女性に対する暴力を取り上げることは、「我々のより幅広い政治的プロジェクトの不可欠な一部なのです。占領と闘うことと、性差別や家父長制と闘うことは、DAMにとって、同じ一つの闘いなのです」と語ったDAMからの反論を受けて、アブー＝ルゴドの側は、女性への暴力という重要な問題について、生産的な議論をこれからも共に続けていこうと応じることで、この議論を収束させた。この一連のやり取りからは、中東においてジェンダー問題が論じられる際に生じる複雑なポリティクスの一端がうかがわれる。

現在DAMは女性メンバーと男性メンバー2人で主に活動しているが、そうした男女混合という形態をとるラップグループは珍しく、先にも述べたように女性のラッパー自体、中東全体で見れば少数派である。それでも、彼ら・彼女らのラップに耳を傾ければ、ジェンダー平等を求める社会的動きの広まりと議論の深化を感じ取ることができる。

第13章

ゲイ・フレンドリーなイスラエル

――トランスナショナルな運動と政治

保井啓志

はじめに

2018年にリスボンで行われたユーロヴィジョン・ソング・コンテストで、イスラエル代表のネッタという女性歌手が優勝した。国別で対抗するこのユーロヴィジョンでイスラエルが優勝するのは実に20年ぶりで、コンテストの後にベンヤミン・ネタニヤフ首相がネッタのことを「イスラエルの最高の外交大使だ」と称賛するほど、イスラエルにとって喜ばしいことであった。

特筆すべきは、この優勝が、イスラエルの国家の威信にかかわる快挙であっただけではなく、この歌手がイスラエルの「多様性」を支持し、また国内のゲイ・コミュニティに支持を受けた歌手であったという点である。このネッタのコンテストの曲『Toy』は、「わたしはあなたのおもちゃじゃない」という歌詞に見て取れるように、女性のエンパワーメントを意図した歌詞が随所に見受けられる。また、彼女のふくよかな体型とそれに対する肯定的なイメージもあいまって、この曲がイスラエルにおける「#Me too」運

ユーロヴィジョン・ソング・コンテストでのネッタ［写真：Shutterstock / アフロ］

動の一部であるとの評もあるほどだ。彼女はイスラエルにおけるジェンダーやセクシュアリティの多様性の繁栄を象徴する存在であり、コンテストの後に本人が語っているように、ネッタというアーティストは「(ゲイ) コミュニティなしには成り立たない」のである。このように、ネッタの存在は、近年のイスラエルにおける女性の権利を求める動きや、ＬＧＢＴをはじめとした性的指向および性自認（以下、Sexual Orientation and Gender Identity の略であるＳＯＧＩ）に関する人権擁護の動きにおける目覚しい変化を表すものと見なされている。本章では、イスラエルにおけるＳＯＧＩをめぐる近年の動きとそのトランスナショナリティについて述べることとする。

1　イスラエルのSOGIをめぐる動きの変遷

「ユダヤ人の国家であり、民主主義的な国である」イスラエルにおいて、ＳＯＧＩをめぐる人権課題は「21世紀のイスラエルの世俗主義を特徴づける」ものとされるようになった。中でも１９９８年に始まったテル・アヴィヴ・プライドは、性的少数者の権利擁護を目的とした年に一度のデモ行進のことであるが、現在では25万人の参加者を数えるほどに成長している。イスラエルにおけるSOGIをめぐる動きの近年の変化は、1990年代に一つの盛りを迎える。それ以前にも1975年にイスラエル初の当事者団体が発足するなど草の根レベルでの取り組みがなされてきたが、英国委任統治下にあった歴史的経緯から、イスラエルにも、逸脱した性行為を禁じる、いわゆる「ソドミー法」が存在しており、1988年にそれが撤廃されるまではイスラエルでは同性愛者をはじめ、ほとんどの性的少数者は社会的・宗教的にタブーの存在と見なされていた。1988年にこれらの法律が公的に廃止されると、比較的短期間のうちにSOGIに関する法律面での権利回復が進んでいる。1992年には職場における性的少数者に対する差別を禁止する法律が可決され、それを受け1993年には、イスラエル国防軍における性的少数者の差別禁止の方針が明確化された。また、同年にはイスラエルの国会で、初めてイスラエルの同性愛の問題に言及されるなど、政治分野における国家規模での議論が始まったといえるだろう。翌1994年には、高裁が同性のカップルを配偶者として認める見解を出した。これにより婚姻に準ずる非登録居住制度に同性カップルが認可されるようになっている。

立法および行政面でのこれらの動きと並行するかたちで、当事者団体や非営利団体をはじめとした性的少数者の人権活動団体が積極的に組織されるようになった。イスラエルで最も古い性的少数者の当事者団体は、1975年に設立された「イスラエル・ゲイ・レズビアン・バイセクシュアル・トランスジェンダー協会」(通称、ハ・アグダ。以下、ハ・アグダとする)であり、この団体は現在もイスラエルのSOGIをめぐる運動の中心的役割を担っている。

1998年にイスラエルで初とされるテル・アヴィヴ・プライドが行われるようになった。2000年代になると性的少数者の若者支援を行う団体や、レズビアンの人権問題を扱う団体、教育分野や、ユダヤ教における同性愛の問題に取り組む団体など領域を横断したさまざまな活動が活発化している。また、これに並行して、パレスチナ系の活動団体も活動を始めている。2001年にはパレスチナコミュニティ・パレスチナ社会における性的少数者に対する支援を行う団体「アル・カウス（アラビア語で「アーチ」の意）」が設立されている。さらに翌年の2002年には、パレスチナ社会での女性の性的少数者の地位の向上を目的とした団体「アスワト（アラビア語で「声」の意）」が女性の性的少数者が中心となり設立された。

1990年代にその黎明期を迎えたイスラエルでの性的少数者をめぐる運動・政治は、2000年代になって拡大を続けてゆくことになる。2001年にはエイラトで初となるエイラト・プライドが行われ、翌年の2002年には、エルサレムで初めてのエルサレム・プライドが行われている。また2007年からハイファで、2016年からベエル・シェヴァでそれぞれプライドが継続的に開催されている。このように、1998年のテル・アヴィヴ・プライドの開始から、地域・規模の双方の面においてその拡大が続いた。

一方で、プライド・イベントの拡大に伴い、それをめぐってイスラエルではさまざまな衝突や事件が起こっている。2005年には超正統派ユダヤ教徒の1人がエルサレム・プライドに乱入し、これにより3人がけがを負っている。有罪判決を受けたこの人物はさらに、釈放後、2015年に再びエルサレム・プライドに乱入し、さらに1人の死者を出す事件を起こしている。また、2009年には上記のハ・アグダのテル・アヴィヴ事務所で銃撃事件が発生し、2人が死亡、少なくとも15人が重軽傷を負っている。いずれの事件も性的少数者を対象とした憎悪犯罪に分類されるが、社会問題としての性的少数者の権利の課題が取り上げられるようになるのに伴い、こうした犯罪も顕在化するようになり、当事者コミュニティはもちろんのこと、イスラエル社会全体でもこうした課題が大きく注目されるようになった。

立法面では、1994年に非登録居住制度に同性カップルが認可されたのちも、同性カップルに対する権利の交渉が続けられた。2002年にはレズビアンカップルの同性シビル・ユニオンに対する申し立てをイスラエル最高裁は棄却している。2004年にはナザレ地区の地裁は同性カップルの相続権を認可したが、しかしながら同年にはキリヤト・シュモナでの裁判の判決によってこれは覆されている。このように、いくつかの司法的な係争では同性カップルの権利は棄却されている一方で、翌年の2005年には最高裁がレズビアンカップルの養子縁組の権利を認可するなど交渉が続けられている。また、国会では、2003年のウズィ・エヴェンの当選など、自身が性的少数者の当事者であることを公言した、いわゆる当事者議員が現在までに数名誕生している。とはいえ、イスラエルではユダヤ教宗教コミュニティの強い反発などから同性婚などが認められていないほか、まだまだ社会的な偏見・差別が残っている。国内において最も世俗的とされるテル・アヴィヴでは、性的少数者のシンボルとされるレインボー・フラッグが至る所に見られる一方、テル・アヴィヴ以外の都市や地域共同体では保守的価値観がいまだに根強く見られる。しかしながら、これまで見てきたように、当事者運動の活発化、法改正や国会での変化など、イスラエル国内のSOGIをめぐる人権状況は30年ほどの期間で急速な進展が見られたのは確かである。

2 米国の運動・方法の「世界化」とトランスナショナリティ

以上に述べた、イスラエルにおけるSOGIをめぐる人権課題に対する急速な変化の背景には、SOGIをめぐる国際的な政治が存在する。中でも、イスラエルのSOGIをめぐる運動は、欧米諸国、とりわけ米国の運動の手法と歴史、枠組みに強く影響を受けている。ここからは、米国をはじめとしたＳＯＧＩをめぐる動きの展開を簡単に見てゆきたい。

米国で同性愛をはじめとした性的少数者の人権に対する市民運動が始まったのは１９５０年代である。社会的にはまだ性的少数者に対する偏見が強固だったため、この頃の運動は、主流社会に対する積極的な同化・迎合の方針を採用していた。そして、性的少数者の存在を可視化してゆくこと、また、同じような境遇の人々をお互いに自助してゆくことに主眼が置かれていた。１９６９年にニューヨークで起きたストーンウォール事件は、同性愛者らが「初めて」警察に対して抵抗し暴動を起こしたとされる事件であり、１９７０年に入る頃には、これまでの性的少数者の可視化と主流社会への同化方針とは異なる、権利を求める運動が活発化してゆくこととなる。この頃の運動は、ゲイやレズビアンといったアイデンティティを中心に据えた運動の形態を採用しており、これら固有のアイデンティティを基に社会変革と性の解放を求めていった点が特徴的であった。

１９８０年代のＨＩＶウイルスの流行は性的少数者コミュニティに大きな衝撃を与えた。ＨＩＶウイルス流行の初期は、性的少数者コミュニティ、とりわけゲイ・バイセクシュアル男性コミュニティが感染と死亡の危機にさらされる一方、原因が特定されないうちに「ゲイがなるガン」と呼ばれ、主流社会での非常に強い同性愛嫌悪、バイ・フォビアにさらされるようになる。これにより、市民運動の側も変更を余儀なくされる。その変更とは、従来はアイデンティティを軸に主に個別に行われていた運動が、セクシュアリティやジェンダーの境界を越え連帯を始めるようになったことである。当事者コミュニティには「沈黙は死だ」というスローガンのように、強い危機感があった。そのためこの頃から、ゲイやレズビアンなどの個別のアイデンティティを表した用語よりも、性的少数者やＬＧＢＴ、クィアといった多様なＳＯＧＩ

のあり方を含む集合的な用語が積極的に使われるようになった。

このように、米国のSOGIをめぐる市民運動は、同化主義とコミュニティ形成から、70年代にかけての性的アイデンティティの構築とそれに基づく性の解放を求める動きへの変化、さらに80年代後半からの集合的アイデンティティの採用という二つの大きな変容を遂げてきたという点で特徴的であった。そして、この流れと方法論は、国境を越えて各国のSOGIをめぐる市民運動にも多大な影響を与えてきた。

とりわけ「ゲイ」や「レズビアン」といった用語を用い、SOGIに基づく差別と抑圧に対抗する際に、「人権」の枠組みを用いてきたという点は、イスラエルだけでなく、日本や世界中のSOGIにおける市民運動に採用され、これらの手法はいわば「輸出されてきた」といっても過言ではない。SOGIをめぐる近年の動きは、米国や一部の西欧先進国という枠を超え、まさに、国境を越えた「トランスナショナル」な動きであるということができるだろう。そして、イスラエルのSOGIをめぐる動きにかかわるこの「トランスナショナリティ」には、特に二つの側面があった。一つは、観光や活動家の移動といった性的少数者自身のトランスナショナルな人の移動の側面、もう一つは用語やイデオロギーが国境を越えるという側面である。ここからは、その双方に関して考察を加えたい。

3 「ゲイ・フレンドリーなイスラエル」と新自由主義との親和性

「ゲイ・フレンドリーなイスラエル」あるいは「ゲイ・フレンドリーなテル・アヴィヴ」という文言は、2000年代以降、たびたびイスラエルの観光の文脈で用いられてきた。イスラエルは2006年から始まったブランド・イスラエル政策で、対外的な発信活動の中心に性的少数者に関する広報を据えているほか、国際ゲイ・レズビアン観光協会と呼ばれる国際的に活動する運動団体の年次大会が２００９年にテル・アヴィヴにて開催されるなど、観光に力を注いできた。さらに、テル・アヴィヴ市内には、市によって設立された「ＬＧＢＴセンター」が存在するなど、市はテル・アヴィヴ・プライドなどＳＯＧＩをめぐる運動に積極的に関与している。それだけではなく、テル・アヴィヴ・プライドは、市によって運営されている世界で唯一のプライド・イベントであることを謳っており、毎年テル・アヴィヴ・プライドの行われる６月になると、イスラエル観光庁は英語で積極的にこれを宣伝している。

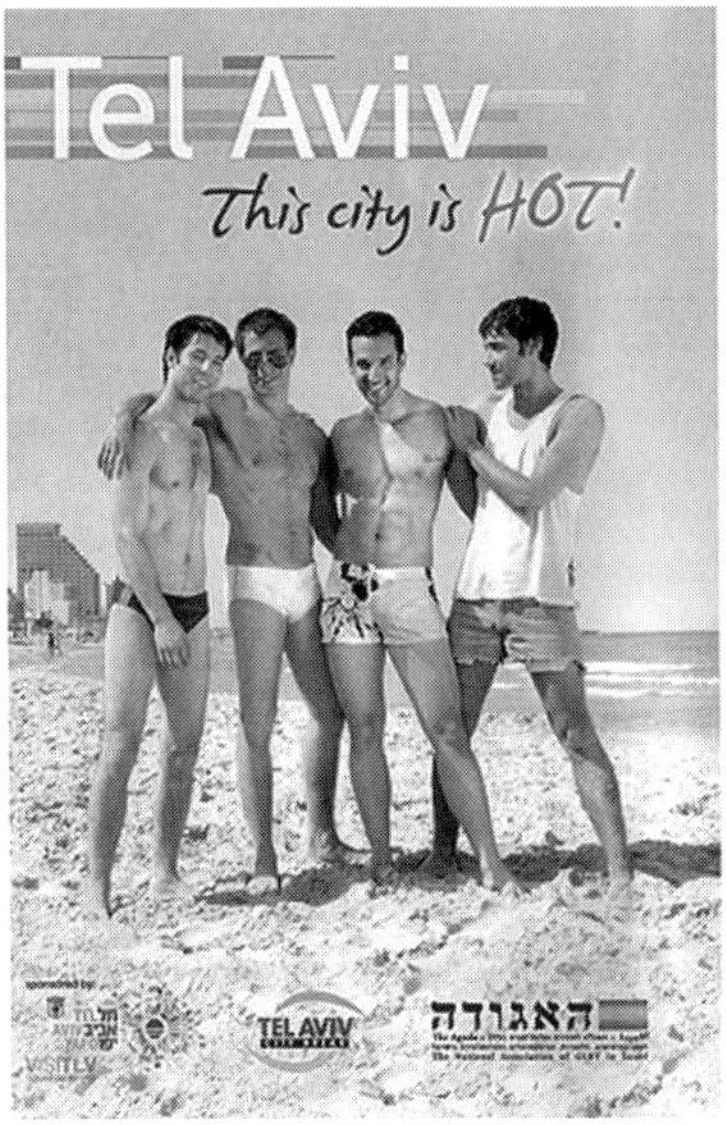

国際ゲイ・レズビアン観光協会の2009年年次大会の広告

　海外の性的少数者に対する官民一体のこの自国への誘致の背景には、ＳＯＧＩをめぐる１９９０年代以降の新自由主義経済の流れと、国境を越えたゲイ・ツーリズムの登場がある。１９９０年代後半から２０００年代にかけて、ゲイやレズビアンといった特定のセクシュアリティを対象に、ゲイタウンやリゾート、歴史的スポットをめぐることで性的少数者に固有の経験を得られるという、ゲイ・ツーリズムが注目されるようになった。その背景にあるのは新自由主義体制への移行と、それに伴う多様性の言説とマイノリティ包摂の言説の出現という社会的変化である。１９９０年代には、例えば、米国の大手企業が性的少数者を広告に起用するなど、企業を主体とした経済的状況の変化があった。この「ゲイ・ツーリズム」の特徴は、性的少数者を市場や経済に有益な存在として強調し、それを経済資源として活用する産業形態であるということである。その際に注目されたのが、性的少数者の中でも、子供がおらず経済的に余裕があるとされる男性、すなわちゲイ男性であり、性的少数者の中でも、ジェンダーや人種、あるいはセクシュアリティの間で、経済力という基準での分断が顕著になり始めた。

このような、ゲイ男性への再中心化を伴う新自由主義経済体制下での性的少数者の観光への着目は米国だけにとどまらず、国境を越えたゲイ・ツーリズムの登場や、SOGIをめぐる動きの国際化など、一つの国家や領域の枠を超え作用している。イスラエルでは、2000年代にネタニヤフ金融相のもと、新自由主義的経済体制へ移行が推進され、軍事技術を転用した形での最先端技術を持つテル・アヴィヴを外国人技術者の誘致とグローバル企業の拠点とする開発が進められた。この2000年代のイスラエルにおける新自由主義的経済体制への移行は、2000年代のゲイ・ツーリズムへの着目と同時進行である。現在テル・アヴィヴ市のホームページには市の尊重する多様性の象徴としてゲイ男性が登場しており、これらの積極的な広報の背景には、米国や西欧などにいる同性愛者に向けて、イスラエル観光の資源としてこれを活用しようというテル・アヴィヴ市やイスラエル政府の思惑が見て取れる。さらに、イスラエルは国土・人口ともに小国であり、世界中のユダヤ人の移民・帰還によって国内のユダヤ人人口を増やそうとしてきた歴史的背景からも、イスラエル政府は外国人を自国に誘致しようと観光政策に力を注いできた経緯もあり、新自由主義的な性的少数者への着目は国家的な目的とも合致する点で有益であった。

4　イデオロギーの移動と中東における政治力学

前述のように、イスラエルのＳＯＧＩをめぐる状況は外国人観光客としての性的少数者の国境を越えた移動と、それに対する積極的な誘致という、いわば具体的なモノとカネの移動の問題が付随しているだけではない。これらのＳＯＧＩをめぐる動きには、用語や特定のアイデンティティの政治力学が国境を越えて作用している。具体的には、２０００年代に、国連で「性的少数者の人権」の議題がたびたび持ち上がり、国際人権団体が台頭してくるなど、ＳＯＧＩをめぐる「人権問題」はもはや米国や西欧諸国という枠を超え、国境を越えて運動が展開されるようになったことである。そして、イスラエルや日本を含む形での世界規模での性的少数者の人権の「世界化」の流れの中では、ゲイやレズビアン、人権といった特定のアイデンティティや用語、イデオロギーが、普遍的価値観として使用されてきた。

しかし、ジョセフ・マサド（Massad 2015）によれば、これらの概念は「西洋近代」という特定の時代・地域に現れた歴史的な用語・カテゴリーであり、これらの用語は、米国や西欧諸国という特定の場所を一歩離れれば、土着の概念ではない。にもかかわらず、運動の現場やジェンダー・セクシュアリティ研究の地域研究では、ゲイやレズビアンあるいはセクシュアリティという言葉があたかも自明なものとして扱われており、それを自明なものとして扱うのは、本質的に認識論における植民地主義的な行為であると指摘している。さらに、マサドは、イスラームが、これらの「普遍的」概念に相いれない存在として常に認識論的に規定されてきたことを指摘している。ＳＯＧＩに関するイスラエルの積極的な対外広報宣伝は、それがパレスチナの占領やパレスチナとの紛争という負の側面を覆い隠す効果を持つものであるとして、ピンクウォッシングという言葉で批判されてきた。マサドの植民地主義に関する指摘は、このピンクウォッシング批判のように、イスラエルの積極的な広報が、性的少数者の人権を蹂躙するパレスチナ社会とは対照的に民主主義的で先進的な国家であるという国家の正当性の言説にも用いられてきたという点で、イスラエルのＳＯＧＩをめぐる動きとも密接に関連するものである。

従来のセクシュアリティ理解では、性的アイデンティティや用語自体の歴史性および植民地主義が十分に考察されないがゆえに、１９９０年代のイスラエルにおけるＳＯＧＩをめぐる進展が、なぜある特定の地域では受け入れられ、受け入れられないのかという対称性について考察されないまま、「中東において最もゲイ・フレンドリーな」イスラエルと、性的少数者の人権を蹂躙するパレスチナ社会やほかの（そしてしばしばイスラームの）中東諸国という二項対立に基づいて理解されがちであった。しかし、前述のマサドの指摘にあるように、ＳＯＧＩをめぐる国境を越えた動きが広まってゆく際には、ある国家や地域において特定の性的アイデンティティやそれに関する用語が受容され使用されているということ自体が、必ずしも自明のものではない。むしろ認識論の次元においても、植民地主義の枠組みは今なお影響を与えている。このように、性的少数者の人権擁護が国家の正当性の言説として用いられているように、国家の枠組みがまさに問題となっているイスラエルやパレスチナにおける性のあり方とそれに関わる権力関係は、国境を越えて作用する用語と植民地主義の問題を抜きには十分に理解することはできない。

地域研究としての視点に立てば、イスラエルで、１９９０年以降ＳＯＧＩをめぐる人権状況の改善が近隣諸国に突出して目覚ましいことは、確かである。しかしながら、一方で、これらのＳＯＧＩをめぐる人権の枠組みが、なぜ、そしていかにしてイスラエル社会で受け入れられつつあるのか、すなわち、イスラエルという社会・国家的領域において、なぜ「人権」という枠組みや特定の性のあり方の西洋的な理解が国境を越えて受容されたのかという問題は、これまで十分に考察されてこなかった。そしてこのトランスナショナリティが十分に考察されてこなかったのは、ジェンダー・セクシュアリティに関する地域研究が、特定の用語やアイデンティティを自明のものとして分析してきたこととは無縁ではない。

これまで、ジェンダーやセクシュアリティのあり方を理論化し、分析対象としてきたのは、フェミニズムやクィア理論という学問である。これらの学問領域は、性差別や異性愛規範といった社会に既にある権力関係や差別構造を明らかにし、分析することで相対化してきたという特徴がある。その意味では、イスラエルやパレスチナで起こっている近年のSOGIをめぐる動きは、示唆的であると言えるだろう。なぜなら、イスラエル社会が西欧の性のあり方の枠組みにいち早く適応しようとする一方、それが国家の正当性の言説に利用されているように、イスラエルやパレスチナは、性のあり方をめぐる動きと、国境を越えて作用する植民地主義の権力関係が複雑に絡み合い、そして顕著に現れる場であるからである。そしてその絡み合いを明らかにするためには、トランスナショナリティと植民地主義との関係から、イスラエルにおけるSOGIをめぐる近年の動きを問い直すことが必要である。

forging new intentional communities," *The Daily Good*. 16 April 2015. Available at https://www.good.is/features/milennial-muslims-dont-call-it-a-mosque
KONDA, "10 Yılda Ne Değişti? 2008-2018" https://interaktif.konda.com.tr/tr/HayatTarzlari2018/#secondPage（2019年12月11日最終閲覧）
Maḥfuẓ, Asmā'. 2011. *Al-da'wa li-l-nuzūl yawm 25 yanāyil*. [Video on YouTube: https://www.youtube.com/watch?v=IgSWdgUVb4Q]（2019年7月8日最終閲覧）
Ta'leef Collective http://taleefcollective.org/
The Women's Mosque of America http://womensmosque.com/

〈映像資料〉

Disney, Abigail and Reticker, Gini 2008. *Pray the Devil Back to Hell*. Fork Films LLC.

Early Twentieth-Century West Sumatra." Yoko Hayami et al. (eds), *The family in flux in Southeast Asia: Institution, Ideology, Practice*. Kyoto: Kyoto University Press, 63-85.
Yıldız, İbrahim. 2009. "Kur'an ve Sünnete göre Sosyal Hayatta Kadın Erkek İlişkisi," *Harran Üniversitesi İlahiyat Fakültesi Dergisi* 42: 83-109.
Yūsuf, Ulfa. 2018. "Qirāʾa ḥijājīya min ajli al-musāwāt fī al-mīrāth bayna al-rajl wa-al-marʾa (min al-fiqh ilā al-akhlāq)," *al-Musāwāt fī al-mīlāth bayna al-qirāʾat al-mutajaddida lil-naṣṣ al-dīnī wa-al-taḥawwulāt al-mujtamiʿīya.* Kurīdīf: Tunis, 9-18.
Zihnioğlu, Yaprak. 2003. *Kadınsız İnkılap: Nezihe Muhiddin, Kadınlar Halk Fırkası ve Kadın Birliği*. İstanbul: Metis Kitap.
———. 2010. "Cumhuriyet Feminizmi Nasıl Bastırdı?" *Express,* Mart 106-107.

〈ウェブサイト〉

「国際平和共生デー」 www.16mai.org（2019年7月20日最終閲覧）
フェミサイドを撲滅するためのプラットフォーム（Kadın Cinayetlerini Durduracağız Platformu）http://www.kadincinayetlerinidurduracagiz.net/（2019年8月20日最終閲覧）
湾岸人権センター（GCHR） https://www.gc4hr.org/（2019年8月12日最終閲覧）
Al-Khamri, Hana. 2018. "Torture, Reform and Women's Rights in Saudi Arabia," 30 Nov. 2018, *Aljazeera*, https://www.aljazeera.com/indepth/opinion/torture-reform-women-rights-saudi-arabia-181129172925565.html（2019年8月12日最終閲覧）
Arslan, Zeynep. 2018. "Die Jungen Alevitischen Frauen* fordern ein Ende der Lippenbekenntnisse und die tatsächliche Umsetzung der Idee des „Can"". http://www.bdaj-nrw.de/index.php/aktuelles/216-die-jungen-alevitischen-frauen-fordern（2019年8月29日最終閲覧）
BBC https://www.bbc.com/turkce/haberler-turkiye-44605360（2020年1月21日最終閲覧）
Davis, Mustafa. 2011. "Ta'leef Collective: Religious Community or Tattoo Parlor?," *The American Muslim (TAM)*. 20 August 2011. Available at http://theamericanmuslim.org/tam.php/features/articles/taleef-collective-religious-community-or-tattoo-parlor/0018731
European Parliament, Directorate-General for Internal Policies. 2014. *The Situation of Women in the Gulf States*. http://www.europarl.europa.eu/RegData/etudes/STUD/2014/509985/IPOL_STU(2014)509985_EN.pdf（2019年8月12日最終閲覧）
Fadl, Essam. 2011. "A Talk with Egyptian Activist Asmaa Mahfouz" *Asharq Alawsat* 2011/02/07 [https://web.archive.org/web/20110301173955/http://www.aawsat.com/english/news.asp?section=3&id=24073]（2019年7月8日最終閲覧）
Freedom House. 2019. *Freedom in the World 2019*. www.freedomhouse.org（2019年8月10日最終閲覧）
Herwees, Tasbeeh. 2015. "Don't Call It a Mosque: How young American Muslims are

A Transcultural Historical Perspective. Brill, 47-87.

Seesemann, Rüdiger. 2011. *The divine flood: Ibrāhīm Niasse and the roots of a twentieth-century Sufi revival*. New York: Oxford University Press.

Sharafeldin, Marwa. 2015. "Islamic Law Meets Human Rights: Reformulation Qiwammah and Wilayah for Personal Status Law Reform Advocacy in Egypt," Ziba Mir-Hosseini et al. (eds.). *Men in Charge?: Rethinking Authority in Muslim Legal Tradition*. London: Oneworld, 163-196.

Suryakusuma, Julia. 2011. *State Ibuism: The Social Construction of Womanhood in New Order Indonesia*. Komunitas Bambu, 2011.

Suttiporn Bunmak. 2012. "The Role of Migrant Networks among Malay-Thai workers in Tom Yam Restaurants Malaysia," *Humanities and Social Sciences*, Vol. 28 No.1, Khon Kaen University.（タイ語）

Svirsky, Gila. 2000. "The Impact of Women in Black in Israel." Marguerite R. Walker and Jennifer Rycenga (eds.). *Frontline Feminism: Women, War, and Resistance*. New York and London: Garland Publishing.

Tahrik Jadid Anjuman Ahmadiyya Pakistan. 1998. *Rules and Regulations of Tahrik Jadid Anjuman Ahmadiyya,* Revised Edition. Tahrik Jadid Anjuman Ahmadiyya Pakistan.

Ta'leef Collective 2018. *Annual Report 2017*.

Ta'leef Collective 2019. *Annual Report 2018*.

Tarsin, Asad. 2015. *Being Muslim: A Practical Guide*. Forwarded by Hamza Yusuf, n.p.: Sandala.

Tekdemir, Omer. 2018. "Constructing a social space for Alevi political identity: religion, antagonism and collective passion." Jenkins, Celia. Aydin, Suavi. Cetin, Umit. (eds.), *Alevism as an Ethno-Religious Identity: Contested Boundaries*. Routledge, 31-51.

Tekeli, Şirin. 1998. "Birinci ve İkinci Dalga Feminist Hareketlerin Karşılaştırmalı İncelemesi." Der: A. Berktay Hacımirzaoğlu, *75 Yılda Kadınlar ve Erkekler*. İstanbul: Türkiye İş Bankası.

UNDP. 2002. *Arab Human Development Report 2002: Creating Opportunities for Future Generations*. UNDP.

———. 2018. *Human Development Indices and Indicators 2018 Statistical Update*. UNDP.

Varias Autoras. 2017. *#NiUnaMenos. Vivxs nos queremos*. 2º Edicion Milena Caserola.

Wall, Melissa and Sahar El Zahed. 2011. ""I'll Be Waiting for You Guys": A YouTube Call to Action in the Egyptian Revolution." *International Journal of Communication* 5 (2011), 1333-43.

Yamada, Nobuko. 2012. "Intertwining Norms and Laws in the Discourse of Polygamy in

Maira, S. Marr. 2016. *The 9/11 Generation: Youth, Rights, and Solidarity in the War on Terror*. New York: New York University Press.

Marzouki, Ilhem. 1993. *Le movement des femmes en Tunisie au XXème siècle: féminisme et politique*. Tunis: Cérès Productions.

Massad, Joseph. 2007. *Desiring Arabs*. Chicago and London: University of Chicago Press.

———. 2015. *Islam in Liberalism*. Chicago and London: University of Chicago Press.

Mir-Hosseini, Ziba. 2017. "Muslim Legal Tradition and the Challenge of Gender Equality," Ziba Mir-Hosseini et al. (eds.). *Men in Charge?: Rethinking Authority in Muslim Legal Tradition*. London: Oneworld, 13-43.

Moghadam, Valentine. 2013. *Globalization and Social Movements: Islamism, Feminism, and the Global Justice Movement*. (Second Edition), Lanham: Rowman & Little Field Publishers. INC.

Murphy, Emma C. 2003. "Women in Tunisia: Between State Feminism and Economic Reform," Doumato, E.A. et al. (eds.). *Women and Globalization in the Arab Middle East*. London: Lynne Reinner Publisher, 169-194.

Okan, Nimet. 2018. "Thoughts on the rhetoric that women and men are equal in Alevi belief and practice (Alevilik) - to Songül," Jenkins, Celia, Aydin, Suavi, Cetin, Umit (eds.). *Alevism as an Ethno-Religious Identity: Contested Boundaries*. Routledge, 69-89.

O'Reilly, Marie, Ó Súilleabháin, Andrea and Paffenholz, Thania. 2015. *Reimagining Peacemaking: Women's Roles in Peace Processes*. New York: International Peace Institute.

Puar, Jasbir. 2002. "Circuits of Queer Mobility: Tourism, Travel, and Globalization." *GLQ*, 12(2-3): 101-137.

———. 2007. *Terrorist Assemblages: Homonationalism in Queer Times*. Durham and London: Duke University Press.

———. 2017. *The Right to Maim: Debility, Capacity, Disability*. Durham and London: Duke University Press.

Ra'ūf 'Izzat, Hiba. 1995. *al-Mar'a wa al-'Amal al-Siyāsī: Ru'ya Islāmīyya*. Herdon, VA: Institute of Islamic Thought.

République Tunisienne Assemblée Nationale Consituante. 2014. *Constitution de la République Tunisienne*.

Richter-Devroe, Sophie. 2018.*Women's Political Activism in Palestine; Peacebuilding, Resistance, and Survival.* Urbana, Chicago and Springfield: University of Illinois Press.

Robinson, Kathryn. 2009. *Gender, Islam and Democracy in Indonesia*. Routledge.

Ryad, Umar. 2015 "Salafiyya, Ahmadiyya, and European Converts to Islam in the Interwar Period." Agai, Bekim, Umar Ryad and Mehdi Sajid (eds.). *Muslims in Interwar Europe:*

Hermann, Tamar. 2009. *The Israeli Peace Movement: A Shattered Dream*. Cambridge: Cambridge University Press.

Hermansen, Marcia. 2014. "Sufi Movements in America," Yvonne. Y. Haddad and Jane I. Smith (eds.). *The Oxford Handbook of American Islam*. Oxford: Oxford University Press, 119-136.

Hill, Joseph. 2018. *Wrapping authority: Women islamic leaders in a Sufi movement in Dakar, Senegal*. Toronto: University of Toronto Press.

Ibn al-Ḥashimī. 1989. *Al-Dā'iya Zaynab al-Ghazālī: Masīra Jihād*. Cairo: Dār al-Nasr.

Kapran, Ismail. 2004. *Das Alevitentum: Eine Glaubens- und Lebensgemeinschaft in Deutschland*. AABF- Alevitische Gemeinde Deutschland.

Karam, Azza M. 1998. *Women, Islamisms, and the State: Contemporary Feminisms in Egypt*. New York: St. Martin's Press.

Karslı, Necmi 2019. "FETÖ Darbe Girişiminin Gençlerin Din ve Cemaat Algısı Üzerindeki Etkisi: Trabzon İlahiyat Fakültesi Örneği", *Bilimname* XXXVII, 2019/1, 1187-1210.

Kaufman-Lacusta, Maxine. 2010. *Refusing to be Enemies: Palestinian and Israeli Nonviolent Resistance to the Israeli Occupation*. Reading: Ithaca Press.

Keshet, Yehudit Kirstein. 2006. *Checkpoint Watch: Testimonies from Occupied Palestine*. London, New York: Zed Books.

Khamis, Sahar and Amel Mili. 2018. "Introductory Themes," in Khamis, Sahar and Amel Mili (eds.). *Arab Women's Activism and Socio-Political Transformation: Unfinished Gendered Revolutions*. Cham, Switzerland: Palgrave Macmillan, 1-23.

Kılıç, Zülal. 1998. "Cumhuriyet Türkiye'sinde Kadın Hareketine Genel Bir Bakış," A. Berktay Hacımirzaoğlu (ed.). *75 Yılda Kadınlar ve Erkekler*. İstanbul: Türkiye İş Bankası.

Kongres Ulama Perempuan Indonesia. 2017. *Dokumen Resmi Proses & Hasil Kongres Ulama Perempuan Indonesia*. KUPI.

Lajna al-ḥurriyāt al-fardīya wa al-musāwāt. (La COLIBE) 2018. *Taqrīr lajna al-ḥurriyāt al-fardīya wa al-musāwāt*.

Lings, Martin. 1993. *A Sufi Saint of the Twentieth Century Shaikh Ahmad Al-Alawi: His Spiritual Heritage and Legacy*. Aligarh-India, Premier Publishing Company.

Lochter-Scholten, Elsbeth. 2000. *Women and the Colonial State: Essays on Gender and Modernity in the Netherlands Indies 1900-1942*. Amsterdam: Amsterdam University Press.

Maclarney, Ellen Anne. 2015. *Soft Force: Women in Egypt's Islamic Awakening*. Princeton: Princeton University Press.

Mahfoudh, Dorra et Mahfoudh, Amel. 2014. "Mobilisations des femmes et movement féministe en Tunisie," *Nouvelle Questions Féministes* 33, 14-33.

Curtis, Edward E, IV. 2009. *Muslims in America: A Short History*. Oxford: Oxford University Press.

Daniele, Giulia. 2018. *Women, Reconciliation and the Israeli-Palestinian Conflict: The road not yet taken*. London and New York: Routledge.

Doyle, Jessica Leigh. 2017. "State Control of Civil Society Organizations: the Case of Turkey," *Democratization* 24:2, 244-264.

Duggan, Lisa. 2003. *Twilight of the Equality?: Neoliberalism, Cultural Politics, and the Attack on Democracy*. Boston: Beacon Press.

Enloe, Cynthia. 2000. *Maneuvers: The International Politics of Militarizing Women's Lives*. Berkeley: The University of California Press.

Eridani SH, AD. (eds.). 2014. *Merintis Keulamaan untuk Kemanusiaan: Profil Kader Ulama Perempuan Rahima*. Penerbit Rahima.

Ferchiou, Sophia. 1996. "Féminisme d'Etat en Tunisie: Idéologie dominante et résistance féminine," Bourquia, R.et al. (sous la dir.) *Femmes, Culture et Sociétés au Maghreb II*. Casablanca: Afrique-Orient, 119-140.

Ghanea Bassiri, Kambiz, 2013. *A History of Islam in America: From the New World to the New World Order*. New York: Cambridge University Press.

Gidron, Benjamin, Katz, Stanley and Hasenfeld, Yesheskel (eds.). 2002. *Mobilizing for Peace: Conflict Resolution in Northern Ireland, Israel/Palestine, and South Africa*. Oxford: Oxford University Press.

Golan-Agnon, Daphna. 2002. *Next Year in Jerusalem*. New York: The New Press.

Goodwin, Jeff and Jasper, James M. 2007. *Social Movements: Critical Concepts in Sociology*. Vol. I-IV., London and New York: Routledge.

Gross, Aeyal. 2014. "The Politics of LGBT Rights in Israel and beyond: Nationality, Normativity and Queer Politics." *The. Colum. Hum. Rts. L. Rev.* 46: 81-152.

Halberstam, Judith. 2005. "Chapter 2: The Brandon Archive." Judith Halberstam, *In a Queer Time and Place: Transgender Bodies, Subcultural Lives*. New York and London: New York University Press, 22-46.

Hammer, Juliane. 2012. *American Muslim Women, Religious Authority, and Activism: More Than a Prayer.* First Paperback Edition, Austin: University of Texas Press.

Hatem, Mervat F. 2011. *Literature, Gender, and Nation-Building in Nineteenth-Century Egypt: The Life and Works of A'isha Taymur*. New York: Palgrave Macmillan.

Hefner, Robert. 2000. *Civil Islam: Muslims and Democratization in Indonesia*. Princeton University Press.

Hennessy, Rosemary. 1994-1995. "Queer Visibility in Commodity Culture." *Cultural Critique*, (29): 31-76.

Ansari, Sarah and Vanessa Mrtin (eds.). 2002. *Women, Religion and Culture in Iran*. London and New York: Routledge.

Anwar, Zainah. 2013. "From Local to Global: Sisters in Islam and the Making of Musawah: Global Movement for Equality in the Muslim Family," Ziba Mir-Hosseini et al. (eds.), *Gender and Equality in Muslim Family Law, Justice and Ethics in the Islamic Legal Tradition*. New York: I.B. Tauris, 107-124.

Arat, Yeşim. 2010. "Türkiye'de Modernleşme Projesi ve Kadınlar," Bozdoğan, Sibel and Reşat Kasaba (eds.). *Türkiye'de Modernleşme ve Ulusal Kimlik*. Türk Vakfı ve Yurt Yayınları.

Badran, Amneh, Golan, Daphna and Persekian, Jack (eds.) 1997. *Sharing Jerusalem*. The Jerusalem Link.

Badran, Margot. 1996 (1995). *Feminists, Islam, and Nation: Gender and the Making of Modern Egypt*. Cairo: The American University in Cairo Press.

———— . 2000. "Competing Agenda: Feminists, Islam, and the State in Nineteenth- and Twentieth-century Egypt," Bonnie G. Smith (ed.). *Global Feminisms Since 1945*. New York: Routledge.

————. 2009. *Feminism in Islam: Secular and Religious Convergences*. Oxford: Oneworld.

Bāhitha al-Bādīya. n.d. *Al-Nisā'iyāt: Majmū'a Maqālat Nushirat fī al-Jarīda fī Mawdū' al-Mar'a al-Miṣrīya*. Cairo: Mu'assasa al-Mar'a wa-l-Dhākira.

Bar-On, Mordechai. 1996. *In Pursuit of Peace: A History of the Israeli Peace Movement*. Washington D.C.: United States Institute of Peace.

Barrett, Paul M. 2007. *American Islam: The Struggle for the Soul of a Religion*. New York: Picador.

Basu, Amrita. 2000. "Globalization of the Local/ Localization of the Global Mapping Transnational Women's Movements," *Meridians: Feminism, Race, Transnationalism* 2000, vol. I, no. I, 68-84.

Binnie, Jon. 1995. "Trading Places: Consumption, Sexuality and the Production of Queer Space." In Bell, David. and Valentine, Gill. (eds.). *Mapping Desire: Geographies of Sexualities*. New York and London: Routledge. 166-181.

Blackburn, Susan. 2004. *Women and the State in Modern Indonesia*. Cambridge University Press.

Bruinessen, Martin van (ed.) 2013. *Contemporary Developments in Indonesian Islam: Explaining the Conservative Turn*. ISEAS Publishing.

Çakır, Ruşen. 2019. "Fethullahçılığın Türkiye'de bir geleceği var mı?" *Medyascope.tv*, 16 Temmuz 2019.

Çakır, Serpil. 2016. *Osmanlı Kadın Hareketi*. İstanbul: Metis Yayınları.

ミール＝ホセイニー、ズィーバー（山岸智子監訳、中西久枝・稲山円・木村洋子・後藤絵美・小林歩ほか訳）2004『イスラームとジェンダー――現代イランの宗教論争』明石書店。

嶺崎寛子 2013a「東日本大震災支援にみる異文化交流・慈善・共生――イスラーム系 NGO ヒューマニティ・ファーストと被災者たち」『宗教と社会貢献』3-1号、27-51頁。

――― 2013b「ディアスポラの信仰者――在日アフマディーヤ・ムスリムにみるグローバル状況下のアイデンティティ」『文化人類学』78-2号、204-224頁。

――― 2017「グローバル化を体現する宗教共同体――イスラーム、アフマディーヤ教団」『現代宗教2017』国際宗教研究所、127-152頁。

――― 2018「ローカルをグローバルに生きる――アフマディーヤ・ムスリムの結婚と国際移動」『社会人類学年報』vol 44、弘文堂、79-109頁。

――― 2019「ムスリムとは誰か――ムスリムの周縁をめぐる試論」『お茶の水史学』62巻、245-258頁。

村上薫 2002「開発計画期トルコにおける女性の労働力化と社会生活」村上薫編『後発工業国における女性労働と社会生活』日本貿易振興会アジア経済研究所。

森山至貴 2017『LGBT を読みとく――クィア・スタディーズ入門』ちくま新書。

米山知子 2011『回るアレヴィー――トルコの都市における場とパフォーマンスの人類学』スタイルノート。


〈外国語〉

'Abdul-Rahman, 'Aisha. 1999. "Islam and the New Women." Translated from Arabic by Anthony Calderbank. *Alif: Journal of Comparative Poetics* 19 (1999), 194-202.
Akdemir, Ayşegül. 2017. "Boundary Making and the Alevi Community in Britain", IssaTözün (ed), *Alevis in Europe: Voices of Migration, Culture and Identity*. Routledge, 73-88.
Al-Azri, Khalid. 2013. *Social and Gender Inequality in Oman: The Power of Religious and Political Tradition*. London and New York: Routledge.
al-Ṣadda, Hudā (ed.). 2007. *al-Fatā: Jarīda 'Ilmīya Tārīkhīya Adabīya Fukāhīya 1892-1893*. Cairo: Mu'assasa al-Mar'a wa-l-Dhākira.
Alwadi, Nada and Sahar Khamis. 2018. "Voices Shouting for Reform: The Remaining Battles for Bahraini Women," Khamis, Sahar and Amel Mili (eds.), *Arab Women's Activism and Socio-Political Transformation: Unfinished Gendered Revolutions*. Cham, Switzerland: Palgrave Macmillan, 53-71.
Amīn, Qāsim. 1989. *al-A'māl al-Kāmila*, Muhammad 'Imāra (ed.). Cairo and Beirut: Dār al-Shurūq.

の男女平等と女性の配偶者選択の自由をめぐって」『中東研究』528、73-85頁。
竹村和子 2000『フェミニズム（思想のフロンティア）』岩波書店。
田崎英明 2000『ジェンダー／セクシュアリティ（思想のフロンティア）』岩波書店。
立山良司 1995『中東和平の行方――続・イスラエルとパレスチナ』中公新書。
立山良司編 2018『イスラエルを知るための62章【第２版】』明石書店。
タトル、リサ（渡辺和子監訳）1998『新版 フェミニズム事典』明石書店。
田中ひかる編著 2018『社会運動のグローバル・ヒストリー――共鳴する人と思想』ミネルヴァ書房。
田中優子編著 2014『そろそろ「社会運動」の話をしよう――他人ゴトから自分ゴトへ。社会を変えるための実践論』明石書店。
タロー、シドニー（大畑裕嗣監訳）2006『社会運動の力――集合行為の比較社会学』彩流社。
辻上奈美江 2014『イスラーム世界のジェンダー秩序――「アラブの春」以降の女性たちの闘い』明石書店。
ドミティーラ／M.ヴィーゼル（唐澤秀子訳）1987『私にも話させて――アンデスの鉱山に生きる人々の物語』現代企画室。
中西久枝 1996『イスラムとヴェール――現代イランに生きる女性たち』晃洋書房。
――― 2002「イスラームとフェミニズム」（第6章）『イスラームとモダニティ――現代イランの諸相』風媒社。
中山紀子 1999『イスラームの性と俗――トルコ農村女性の民族誌』アカデミア出版会。
野中葉 2015『インドネシアのムスリムファッション――なぜイスラームの女性たちのヴェールはカラフルになったのか』福村出版。
野宮大志郎 2002『社会運動と文化』ミネルヴァ書房。
ハールバート、ホーリー監修、ワーズリー、ルーシー著（戸矢理衣奈監修、戸田早紀、中島由華、熊谷玲美訳）2019『WOMEN 女性たちの世界史 大図鑑』河出書房新社。
間寧編 2019『トルコ（シリーズ・中東政治研究の最前線①）』ミネルヴァ書房。
長谷川公一 2020『社会運動の現在』有斐閣。
バトラー、ジュディス（清水晶子訳）2012『戦争の枠組――生はいつ嘆きうるものであるのか』筑摩書房。
馬場憲男 1990『国連とNGO――市民参加の歴史と課題』有信堂高文社。
濱西栄司 2016『トゥレーヌ社会学と新しい社会運動理論』新泉社。
林佳世子 2008『オスマン帝国500年の平和（興亡の世界史 第10巻）』講談社。
ボウイー、リーマ／ミザーズ、キャロル（東方雅美訳） 2012『祈りよ力となれ――リーマ・ボウイー自伝』英治出版。

大類久恵 2006『アメリカの中のイスラーム』寺子屋新書。
オルデンバーグ、レイ（忠平美幸訳）2017『サードプレイス――コミュニティの核になる「とびきり居心地よい場所」』みすず書房。
川坂和義 2013「アメリカ化されるLGBTの人権――『ゲイの権利は人権である』演説と〈進歩〉というナラティヴ」国際基督教大学ジェンダー研究センター編集委員会編『ジェンダー＆セクシュアリティ――国際基督教大学ジェンダー研究センタージャーナル』8(1)、5-28頁。
川橋範子・小松加代子編 2016『宗教とジェンダーのポリティクス――フェミニスト人類学のまなざし』昭和堂。
ギルバート、マーティン（小林和香子監訳）2015『アラブ・イスラエル紛争地図』明石書店。
国本伊代編 2015『ラテンアメリカ――21世紀の社会と女性』新評論。
クロスリー、ニック（西原和久・郭基換・阿部純一郎訳）2009『社会運動とは何か――理論の源流から反グローバリズム運動まで』新泉社。
『現代思想 特集 トランスナショナル・フェミニズム――女性の再配置』2003年1月号、青土社。
幸加木文 2019「第3章　市民社会――世俗・宗教軸と対政権軸」間寧編『トルコ(シリーズ・中東政治研究の最前線①)』ミネルヴァ書房、65-93頁。
小林寧子 2008『インドネシア――展開するイスラーム』名古屋大学出版会。
シャイフ・ベントゥネス、ハーレド（中村廣治郎訳）2007『スーフィズム――イスラームの心』岩波書店。
社会運動論研究会編 1990『社会運動論の統合をめざして』成文堂。
――― 1999『社会運動研究の新動向』成文堂。
清水晶子 2013「『ちゃんと正しい方向に向かってる』――クィア・ポリティックスの現在」三浦玲一・早坂静編『ジェンダーと「自由」――理論、リベラリズム、クィア』彩流社、313-331頁。
曽良中清司 1996『社会運動の基礎理論的研究――一つの方法論を求めて』成文堂。
曽良中清司・長谷川紘一・町村敬志・樋口直人編著 2003『社会運動という公共空間――理論と方法のフロンティア』成文堂。
髙岡豊・溝渕正季編 2019『「アラブの春」以後のイスラーム主義運動』ミネルヴァ書房。
鷹木恵子 2007「イスラームの女性とチュニジア――アラブ女性解放のリーダー国の動態」池谷和信・佐藤廉也・武内進一編『アフリカⅠ』朝倉書店、269-285頁。
――― 2016『チュニジア革命と民主化――人類学的プロセスドキュメンテーションの試み』明石書店。
――― 2017「チュニジアにおける『個人地位法』制定から60年目の論争――相続

参考文献

〈日本語〉

アパデュライ、アルジュン（門田健一訳）2004『さまよえる近代――グローバル化の文化研究』平凡社。

アハメド、ライラ（林正雄・岡真理訳）2000『イスラームにおける女性とジェンダー――近代論争の歴史的根源』法政大学出版局。

アブドッラハマーン、アーイシャ（徳増輝子訳）1977『預言者の妻たち』日本サウディアラビア協会。

――― 1988『預言者の娘たち』日本サウディアラビア協会。

アブー＝ルゴド、ライラ（鳥山純子・嶺崎寛子訳）2018『ムスリム女性に救援は必要か』書肆心水。

アブー＝ルゴド、ライラ編著（後藤絵美ほか訳）2009『「女性をつくりかえる」という思想――中東におけるフェミニズムと近代性』明石書店。

新井政美 2013『イスラムと近代化――共和国トルコの苦闘』講談社選書メチエ。

石川真作 2012『ドイツ在住トルコ系移民の文化と地域社会――社会的統合に関する文化人類学的研究』立教大学出版会。

臼杵陽 2009『イスラエル』岩波書店。

江原由美子・金井淑子編 1997『フェミニズム』新曜社。

大川真由子 2003「宗教のヴェール、伝統のヴェール――オマーンの『近代化』における新中産階級女性の地位と意識」『オリエント』46-1、162-178頁。

大河原知樹・堀井聡江 2014『イスラーム法の「変容」――近代との邂逅（イスラームを知る17）』山川出版社。

小野仁美 2010「女性の地位と一夫一婦制――斬新な家族法」鷹木恵子編著『チュニジアを知るための60章』明石書店、230-234頁。

――― 2019a『イスラーム法の子ども観――ジェンダーの視点でみる子育てと家族』慶應義塾大学出版会。

――― 2019b「古典イスラーム法の結婚と離婚」長沢栄治監修、森田豊子・小野仁美編著『結婚と離婚（イスラーム・ジェンダー・スタディーズ1）』明石書店、116-135頁。

大塚和夫ほか編 2002『岩波イスラーム辞典』岩波書店。

大畑裕嗣・成元哲・道場親信・樋口直人編 2004『社会運動の社会学』有斐閣。

設立年	備考	ウェブサイト
1974年	国際フェミニスト・アドボカシー団体	https://www.isiswomen.org/
1994年	イスラエルとの和平を支持するパレスチナの女性団体	http://www.j-c-w.org/
1993年	2003年より国際的な活動	http://karamah.org/
1998年	女性の人権擁護活動を任務とする国家機関	https://www.komnasperempuan.go.id/
1977年	アルゼンチン軍政時代の強制失踪者を探す母たちの会	http://madres.org/（協会） http://madresfundadoras.blogspot.com/（創設者路線） https://www.abuelas.org.ar/（祖母たちの会）
2009年	ムスリム家族における平等と公正のためのグローバル運動組織	https://www.musawah.org/
1938年	インドネシア最大の宗教団体ナフダトゥル・ウラマーの成年女性組織	https://twitter.com/ppmuslimatnu
1921年	イスラエル最大の女性団体	https://www.naamat.org.il/
1993年	イスラームの枠組みのもとで女性の権利拡大を目指すNGO	https://www.sistersinislam.org.my/
2001年	家族法導入を先頭に立って推進した政府系団体	https://www.scw.bh/en/Pages/default.aspx
1975年	イスラエル最大の性的少数者に関する団体	https://www.lgbt.org.il/
1991年	米国の女性国会議員や活動家による団体	https://wedo.org/
不詳	英国サセックス大学・開発研究所の女性の経済的公正に向けたプログラム	不詳
1985年	女性の人権と持続的開発や公正に向けたNGO・活動家の欧州ネットワーク	—
1945年	1953年、平塚らいてう副会長就任	—
1915年	世界初の女性の平和運動団体	https://www.wilpf.org/
2000年	中東とアフリカ地域の女性の能力強化NGO	https://learningpartnership.org/
1984年	世界70か国の団体・活動家を束ねるNGO	http://www.wluml.org/
1995年	アラブ女性に対するネガティブなイメージを払拭したいと願った研究者や活動家によって設立	http://www.wmf.org.eg/en/about-us/
2015年	パレスチナとの和平を求めるイスラエル人女性による平和運動	https://womenwagepeace.org.il/en/

略語	正式名称	日本語訳	現本部
ISIS	International Women's Information and Communication Service	国際女性情報通信サービス	Manila, Philippines
JCW	Jerusalem Center for Women	エルサレム女性センター	Jerusalem, Israel/ Palestine
KARAMAH	Muslim Women Lawyers for Human Rights	人権のためのムスリム女性弁護士	Washington, D.C. USA
Komnas Perempuan	National Commission on Violence against Women	女性への暴力に反対する国家委員会（国家女性人権委員会）	Jakarta, Indonesia
—	Madres de Plaza de Mayo	五月広場の母たちの会	Buenos Aires, Argentina
—	MUSAWAH	ムサワ（アラビア語で「平等」の意）	Kuala Lumpur, Malaysia
Muslimat NU	Muslimat Nahdlatul Ulama	ムスリマット（ムスリム女性）	Jakarta, Indonesia
NA'AMAT	Movement of Working Women & Volunteers	働く女性とボランティアする女性の運動	Tel Aviv, Israel
SCW	Supreme Council for Women	女性最高評議会	Manama, Bahrain
SIS	Sisters in Islam	イスラームの姉妹	Petaling Jaya, Malaysia
The Aguda	The Association for LGBTQ Equality in Israel	イスラエルにおけるLGBTQの平等のための会	Tel Aviv, Israel
WEDO	Women's Environment and Development Organization	女性環境開発団体	New York, USA
WICEJ	Women's International Coalition for Economic Justice	経済的公正のための国際女性連携	Brighton, UK
WIDE	Network Women in Development in Europe	開発における女性欧州ネットワーク	Bruxelles, Belgium
WIDF	Women's International Democratic Federation	国際民主婦人連盟	São Paulo, Brazil
WILPF	Women's International League for Peace and Freedom	婦人国際平和自由連盟	Geneva, Switzerland
WIP	Women's Learning Partnership	女性の学習パートナーシップ	Bethesda, USA
WLUML	Women Living under Muslim Laws	ムスリム法の下で生きる女性	London, UK
WMF	Women and Memory Forum	女性と記憶フォーラム	Cairo, Egypt
WWP	Women Wage Peace	平和のために行動する女性たち	Tel Aviv, Israel

設立年	備考	ウェブサイト
2011年	パリで創設、国際ネットワーク型NGO	http://www.arabinstituteforhumanrights.org/
2001年	1909年創設の平和主義的スーフィー教団の国際NGO	http://aisa-ong.org/
2007年	パレスチナ社会の性的少数者に関する団体	http://alqaws.org/
1985年	調査研究・講演会開催の他、2005年からデューク大学出版よりジェンダー研究誌JAMEWS刊行	https://amews.org/
1989年	チュニジア最大のリベラル派フェミニストNGO	https://www.facebook.com/femmesdemocrates/
1917年	インドネシア第二の宗教社会団体ムハマディヤの女性組織	http://www.aisyiyah.or.id/
1982年	国際フェミニストNGO、164か国からのメンバーによる構成	https://www.awid.org
2001年	湾岸では珍しい女性の人権のためのNGO	http://en.bahrainws.org/
1993年	国連傘下のAGFUNDにより設立	http://www.cawtar.org/SitePages/Home.aspx
1990年	チュニジアの国立研究所兼国際的アドボカシー活動機関	http://www.credif.org.tn/
2003年	アラブ諸国が協働する、市民権、社会正義、ジェンダー平等のためのNGO	https://crtda.org.lb/
1984年	インド・バンガロールで設立、「南」のフェミニスト研究者・活動家のNGO	https://dawnnet.org/
1996年	女性のための法的支援と人権教育を担う	https://ecwronline.org/
1997年	80の人権団体のネットワーク型NGO	https://euromedrights.org/
2000年	イスラームの観点からのジェンダー公正に関する言説を発信	https://fahmina.or.id/
1950年	インドネシア最大の宗教団体ナフダトゥル・ウラマーの青年女性組織	https://www.facebook.com/PPFNU/
1904年	ベルリンで創設、41団体を束ねる国際NGO	https://womenalliance.org/
1999年	国際ネットワーク型NGO	https://www.eldis.org/organisation/A6982
2006年	カイロ・アメリカン大学内の研究機関	http://schools.aucegypt.edu/GAPP/IGWS/
1978年	150か国の1500のLGBTIntersexの権利擁護団体の連合組織	https://ilga.org/

◉女性・ジェンダー関連の団体組織と研究所のリスト

略語	正式名称	日本語訳	現本部
AIHR	Arab Institute for Human Rights	アラブ人権研究所	Medenine, Tunisia
AISA	Association Internationale Soufie Alawiyya	スーフィー・アラーウィーヤ国際協会	Paris, France
alQaws	alQaws for Sexual & Gender Diversity in Palestinian Society	パレスチナにおける性的・ジェンダーの多様性のための虹	Jerusalem, Israel/ Palestine
AMEWS	Association for Middle East Women's Studies	中東の女性研究協会	Durham, USA
ATFD	Association Tunisienne des Femmes Démocrates	チュニジア民主女性協会	Tunis, Tunisia
—	'Aisyiyah	アイシヤ（アーイシャに従う人々）	Yogyakarta, Indonesia
AWID	Association for Women's Rights in Development	開発における女性の権利協会	Tronto, Mexico City, Cape Town
BWA	Bahrain Women Association for Human Development	人間開発のためのバハレーン女性協会	Manama, Bahrain
CAWTAR	Center of Arab Women for Training and Research	アラブ女性研修調査センター	Tunis, Tunisia
CREDIF	Centre de Recherches, d'Etudes, Documentation et d'Information sur la Femme	女性調査研究資料情報センター	Tunis, Tunisia
CRTD.A	Collective for Research Training on Development-Action	開発と行動に関する調査訓練団体	Beirut, Lebanon
DAWN	Development Alternatives with Women for a New Era	新時代のための女性のもうひとつの開発	Suva, Fiji
ECWR	Egyptian Center for Women's Rights	エジプト女性人権センター	Cairo, Egypt
—	EuroMed Rights	欧州地中海人権	Copenhagen, Denmark
Fahmina	Fahmina Institute	ファフミナ（私たちの理解）	Cirebon, Indonesia
Fatayat NU	Fatayat Nahdlatul Ulama	ファタヤット（若い女性、女子）	Jakarta, Indonesia
IAW	International Alliance of Women	国際女性同盟	Geneva, Switzerland
IGTN	International Gender and Trade Network	ジェンダーと貿易の国際ネットワーク	Washington, D.C. USA
IGWS	Cynthia Nelson Institute for Gender and Women's Studies	シンシア・ネルソン女性ジェンダー研究所	Cairo, Egypt
ILGA	International Lesbian, Gay, Bisexual, Trans and Intersex Association	国際 LGBT インターセックス協会	Geneva, Switzerland

Contents

嶺崎寛子（みねさき・ひろこ）［第10章］
愛知教育大学教育学部 准教授
専攻：文化人類学、ジェンダー学
主な著作：『イスラーム復興とジェンダー――現代エジプト社会を生きる女性たち』（昭和堂、2015年）、「名誉に基づく暴力を回避する―― 2000年代のエジプトを事例として」（『文化人類学』第82巻3号、2017年）、“Gender Strategy and Authority in Islamic Discourses: Female Preachers in Contemporary Egypt,” in Masooda Bano and Hilary Kalmbach (eds.), *Women, Leadership and Mosques: Changes in Contemporary Islamic Authority* (Leiden: Brill, 2012).

盛　恵子（もり・けいこ）［コラム10］
国立民族学博物館 外来研究員
専攻：文化人類学、とくにサハラ以南アフリカのイスラーム
主な著作：『セネガル・漁民レブーの宗教民族誌――スーフィー教団ライエンの千年王国運動』（明石書店、2012年）、「モーリタニア、トラルザ地方のマータ・ムラーナ村の試み――ニアセン信徒たちによる‘教育都市’計画」（『スワヒリ＆アフリカ研究』第27号、2016年）、『ニアセンの拡大(2) カメルーンにおけるニアセン――バムン王国の事例』（『セネガル、ニアセン教団における女性の宗教的権威の伸張』日本学術振興会科学研究費助成事業 基盤(C)研究成果報告書 第3巻、2019年）。

保井啓志（やすい・ひろし）［第13章］
東京大学大学院総合文化研究科 博士後期課程
専攻：現代イスラエル研究、ジェンダー・セクシュアリティ研究
主な著作：「『中東で最もゲイ・フレンドリーな街』――イスラエルの性的少数者に関する広報宣伝の言説分析」（『日本中東学会年報』第34巻2号、2018年）。

山本　薫（やまもと・かおる）［コラム12］
慶應義塾大学総合政策学部 専任講師
専攻：アラブ文学
主な著作：「中東のラップをめぐる力学とアイデンティティ形成―― DAMの事例を中心に」（福田宏・後藤絵美編『「見えない関係性」を見せる』シリーズ『グローバル関係学』第5巻、岩波書店、2020年刊行予定）、“The Burden of Memory: Writing Memories of War in Postwar Lebanon,” Hidemitsu Kuroki, ed., *Human Mobility and Multiethnic Coexistence in Middle Eastern Urban Societies* 2 (ILCAA, Tokyo University of Foreign Studies, 2018).

若松大樹（わかまつ・ひろき）［第4章］
トルコ共和国国立メルスィン大学イスラーム学部 准教授（地域研究博士・上智大学）
2005～2008年まで、国際交流基金派遣・中東奨学金を得てトルコ共和国国立アンカラ大学神学部に留学。日本学術振興会特別研究員、大学勤務を経て現職。
専門：文化人類学

谷口真紀（たにぐち・まき）［コラム１］
滋賀県立大学人間文化学部国際コミュニケーション学科 講師
専攻：平和構築（文化・思想）
主な著作：『太平洋の航海者――新渡戸稲造の信仰と実践』（関西学院大学出版会、2015年）、"Incorporating Peace Education into EFL," Erin A Mikulec, Sai Bhatawadekar, Cuhullan Tsuyoshi McGivern, and Paul Chamness Iida (eds.), *Reading in Language Studies Volume 7: Intersections of Peace and Language Studies* (California: The International Society for Language Studies, 2018).

中西久枝（なかにし・ひさえ）［第５章］
同志社大学大学院グローバル・スタディーズ研究科 教授
専攻：中東の安全保障、イラン現代史、イランの女性運動史
主な著作：『イスラームとモダニティ――現代イランの諸相』（風媒社、2002年）、"The Construction of the Sanctions Regime Against Iran: Political Dimensions of Unilateralism," Marossi A. & Bassett M. (eds), *Economic Sanctions under International Law*. The Hague: T.M.C. Asser Press (Springer), 2015; "Arts: Women Journalists and the Press in Iran," Suad Joseph (ed.), *Encyclopedia of Women and Islamic Cultures*. Brill, 2020 (forth-coming).

南部真喜子（なんぶ・まきこ）［コラム2（翻訳）、コラム11］
東京外国語大学大学院総合国際学研究科 博士後期課程
専攻：地域研究（パレスチナ／イスラエル）
主な著作：「パレスチナの壁の落書き」（東京外国語大学アジア・アフリカ言語文化研究所編『フィールドプラス』no. 21、2019年）、"Heroism and Adulthood among Arrested Youth in East Jerusalem," (The Project on Middle East Political Science Studies 36, *Youth Politics in the Middle East and North Africa*, 2019).

西　直美（にし・なおみ）［コラム８］
同志社大学一神教学際研究センター リサーチフェロー
専攻：地域研究、タイのムスリム研究
主な著作：「マイノリティとしてのイスラーム――タイにおける宗教、民族と政治」（内藤正典著『イスラーム世界の挫折と再生――「アラブの春」後を読み解く』明石書店、2014年）、「タイ深南部におけるイスラームと帰属意識――イスラーム教育の場を事例に」（『年報タイ研究』第18号、2018年）。

野中　葉（のなか・よう）［第11章］
慶應義塾大学総合政策学部 准教授
専攻：地域研究（インドネシア）、インドネシアのムスリム研究
主な著作：『インドネシアのムスリムファッション――なぜイスラームの女性たちのヴェールはカラフルになったのか』（福村出版、2015年）、「イスラーム的価値の大衆化――書籍と映画に見るイスラーム的小説の台頭」（倉沢愛子編『消費するインドネシア』慶應義塾大学出版会、2013年）、「信じること・装うこと――インドネシア人女性たちのヴェールと服装」（『コンタクト・ゾーン』9号、2017年）。

小林和香子（こばやし・わかこ）［第12章］
独立研究者、日本紛争予防センター シニアプログラムオフィサー／広報企画担当
専攻：中東和平、紛争解決・平和構築、国際関係論
主な著作：『ガザの八百屋は今日もからっぽ――封鎖と戦火の日々』（めこん、2009年）、「パレスチナ国家の承認」（臼杵陽編『パレスチナを知るための60章』明石書店、2016年）、「パレスチナ難民問題と解決の可能性の模索」（『現代の中東』第48号、2010年）。

ザーヘル、ドアー（Abbes Zaher, Doaa）［コラム２］
Temple University, Lecturer
専攻：経営学（チェンジマネジメント）
主な著作："Knowledge management strategies as a tool to change organizational culture" (*World Academy of Science, Engineering and technology* No.86, 02/2014); "How to create knowledge based organizational culture" (*J.F. Oberlin Journal of Business Management Studies* 4, 03/2014); "Servant leadership and successful implementation of knowledge management in organizations" (*J.F. Oberlin Journal of Business Management Studies* 5, 03/2015); "Knowledge Management Implementation Barriers in Hospital Organization in Saudi Arabia" (March 2018), Ph. D. Thesis.

志賀恭子（しが・きょうこ）［コラム４］
同志社大学大学院グローバルスタディーズ研究科 博士後期課程
専攻：グローバル社会、移民研究
主な著作：「ムスリムタウンを歩く――9.11とボストンテロを経験したアメリカ東海岸の日常」（内藤正典編著『イスラーム世界の挫折と再生――「アラブの春」後を読み解く』明石書店、2014年）、「アメリカ東海岸におけるギュレン運動の展開――先行研究の批判的検討とアメリカ東海岸の調査から」（『一神教世界』第９巻、2017年）、「在米トルコ系移民社会における紐帯の変化――民族意識か、同郷意識か、宗教観か」（『移民研究年報』第25号、2019年）。

＊**鷹木恵子**（たかき・けいこ）［はじめに、第３章、コラム５］
編著者紹介を参照。

高橋　圭（たかはし・けい）［第９章］
東洋大学文学部史学科 助教
専攻：近現代イスラーム史、中東近代史、現代スーフィズム研究
主な著作：『スーフィー教団――民衆イスラームの伝統と再生』（山川出版社、2014年）、「現代アメリカのムスリム社会とスーフィー聖者――ムハンマド・ナーズィム・アーディル・ハッカーニーの聖者伝の分析から」（高岡豊・白谷望・溝渕正季編著『中東・イスラーム世界の歴史・宗教・政治――多様なアプローチが織りなす地域研究の現在』明石書店、2018年）、「伝統と現実の狭間で――現代アメリカのスンナ派新伝統主義とジェンダー言説」（『ジェンダー研究』21号、2019年）。

大川真由子（おおかわ・まゆこ）［第６章］
神奈川大学外国語学部 准教授
専攻：文化人類学、中東地域研究
主な著作：『帰還移民の人類学――アフリカ系オマーン人のエスニック・アイデンティティ』（明石書店、2010年）、「帝国の子どもたち――オマーン帝国／後における混血の処遇」（『文化人類学研究』第17号、2016年）、『オマーンを知るための55章』（分担執筆、明石書店、2018年）。

小野仁美（おの・ひとみ）［第１章、コラム９］
東京大学 研究員、立教大学、多摩美術大学、千葉商科大学 非常勤講師
専攻：イスラーム法、チュニジア地域研究
主な著作：「現代チュニジアにおけるシャリーアと女性 ――ラーシド・ガンヌーシーのイスラーム的女性解放論」（『イスラム世界』第83号、2015年）、『イスラーム法の子ども観――ジェンダーの視点でみる子育てと家族』（慶應義塾大学出版会、2019年）、「『家族』概念と近代的ジェンダー規範――イブン・アーシュールの著作を通して」（『ジェンダー研究』第21号、2019年）。

幸加木文（こうかき・あや）［第７章］
千葉大学大学院社会科学研究院 特任研究員
専攻：トルコ政治社会・政教関係、中東地域研究
主な著作：『イスラムと近代化――共和国トルコの苦闘』（新井政美編、第四章第二～四節分担執筆、講談社、2013年）、「市民社会――世俗・宗教軸と対政権軸」（間寧編『トルコ（シリーズ・中東政治研究の最前線）』ミネルヴァ書房、2019年）、「トルコにおける宗派主義的傾向――公正発展党政権期の社会的分裂の観点から」（酒井啓子編『現代中東の宗派問題――政治対立の「宗派化」と「新冷戦」』晃洋書房、2019年）。

後藤絵美（ごとう・えみ）［第２章］
東京大学日本・アジアに関する教育研究ネットワーク 特任准教授／東洋文化研究所准教授（兼務）
専攻：現代イスラーム研究、ジェンダー研究
主な著作：『神のためにまとうヴェール――現代エジプトの女性とイスラーム』（中央公論新社、2014年）、『イスラームってなに？ イスラームのおしえ』（かもがわ出版、2017年）、松山洋平編、後藤絵美他著『クルアーン入門』（作品社、2018年）。

小林寧子（こばやし・やすこ）［コラム３］
南山大学アジア・太平洋研究センター 客員研究員
専攻：インドネシア近現代史
主な著作：『インドネシア 展開するイスラーム』（名古屋大学出版会、2008年）、「国家・英雄・ジェンダー――カルティニ像の変遷」（小泉順子編『歴史の生成――叙述と沈黙のヒストリオグラフィ』京都大学学術出版会、2018年）、“Ulama’s Changing Perspectives on Women's Social Status: Nahdatul Ulama’s Legal Opinions,” Ota Atsushi, Okamoto Masaaki and Ahmad Suaedy (eds.), *Islam in Contention: Rethinking Islam and State in Indonesia* (Jakarta: The Wahid Institute, 2010).

◉ 監修者紹介

長沢栄治（ながさわ・えいじ）
東京外国語大学アジア・アフリカ言語文化研究所フェロー、東京大学名誉教授
専攻：中東地域研究、近代エジプト社会経済史
主な著作：『アラブ革命の遺産――エジプトのユダヤ系マルクス主義者とシオニズム』（平凡社、2012年）、『エジプトの自画像――ナイルの思想と地域研究』（平凡社、2013年）、『現代中東を読み解く――アラブ革命後の政治秩序とイスラーム』（後藤晃との共編著、明石書店、2016年）、『近代エジプト家族の社会史』（東京大学出版会、2019年）。

◉ 編著者紹介

鷹木恵子（たかき・けいこ）
桜美林大学リベラルアーツ学群 教授、図書館長
専攻：文化人類学、マグリブ地域研究（主にチュニジア）、社会開発研究
主な著作：『北アフリカのイスラーム聖者信仰――チュニジア・セダダ村の歴史民族誌』（刀水書房、2000年）、『マイクロクレジットの文化人類学――中東・北アフリカにおける金融の民主化にむけて』（世界思想社、2007年）、『チュニジアを知るための60章』（編著、明石書店、2010年）、『チュニジア革命と民主化――人類学的プロセスドキュメンテーションの試み』（明石書店、2016年）。

◉ **執筆者紹介**（50音順、＊は編著者、［　］内は担当章）

新井春美（あらい・はるみ）［コラム６］
一般社団法人ガバナンスアーキテクト機構 上席研究員
専攻：トルコ外交、安全保障
主な著作：「トルコ流の戦争方法」（川上高司編著『「新しい戦争」とは何か』ミネルヴァ書房、2016年）、「2018年のトルコ情勢」（『インテリジェンスレポート』2019年4月号）。

伊香祝子（いか・しゅくこ）［コラム７］
慶應義塾大学等 講師
専攻：ラテンアメリカ地域文化研究
主な著作：アダモフスキ『まんが反資本主義入門』（翻訳、明石書店、2007年）。

石川真作（いしかわ・しんさく）［第８章］
東北学院大学経済学部共生社会経済学科 教授
専攻：移民研究、文化人類学
主な著作：『ドイツ在住トルコ系移民の文化と地域社会――社会的統合に関する文化人類学的研究』（立教大学出版会、2012年）、『周縁から照射するＥＵ社会――移民・マイノリティとシティズンシップの人類学』（編著、世界思想社、2012年）、「ヒズメット運動の思想と教育への取り組み――ドイツでの展開を参照して」（山本須美子編『ヨーロッパにおける移民第二世代の学校適応――スーパー・ダイバーシティへの教育人類学的アプローチ』明石書店、2017年）。

イスラーム・ジェンダー・スタディーズ2

越境する社会運動

2020年3月31日　初版第1刷発行

監修者　長 沢 栄 治
編著者　鷹 木 恵 子
発行者　大 江 道 雅
発行所　株式会社明石書店
〒101-0021 東京都千代田区外神田6-9-5
電話 03（5818）1171
FAX 03（5818）1174
振替　00100-7-24505
http://www.akashi.co.jp/
装丁／組版　明石書店デザイン室
印刷／製本　モリモト印刷株式会社

（定価はカバーに表示してあります）　ISBN978-4-7503-4995-4

ジェンダーについて大学生が真剣に考えてみた

あなたがあなたらしくいられるための29問

佐藤文香［監修］
一橋大学社会学部佐藤文香ゼミ生一同［著］

◎B6判変型／並製／208頁　◎1,500円

日常の中の素朴な疑問から性暴力被害者の自己責任論まで――「ジェンダー研究のゼミに所属している」学生たちが、そのことゆえに友人・知人から投げかけられたさまざまな「問い」に悩みつつ、それらに真っ正面から向き合った、真摯で誠実なQ&A集。

《内容構成》――――――――

はじめに――ジェンダーってなに？

第一章　これってどうなの？ 素朴な疑問

男女平等をめざす世の中で女子校の意義ってなに？／「○○男子／○○女子」って言い方したらダメ？／男女平等は大事だけど、身体の違いもあるし仕事の向き不向きはあるんじゃない？／ジェンダーを勉強したら、イクメンにならないといけないんでしょ？　ほか

第二章　セクシュアル・マイノリティについてもっと知りたい！

テレビにはゲイや女装家、トランスジェンダーが出ているけれど、違いはなんなの？／「ホモ」、「レズ」って呼び方はダメなの？／子ども産めないのに、同性婚って必要あるの？／人を好きになったりセックスしたくなったりするのは誰でも自然なことだよね？　ほか

第三章　フェミニズムって怖いもの？

フェミニズムって危険な思想なんでしょ？／どうしてフェミニストはCMみたいな些細なことに噛みつくの？／どうしてフェミニストは萌えキャラを目の敵にするの？／どうしてフェミニストはミスコンに反対するの？／フェミニストはなにかと女性差別というけど、伝統や文化も重んじるべきじゃない？／ジェンダー研究に関心をもっている人とフェミニストとは別なんでしょ？　ほか

第四章　めざしているのは逆差別？

男だって大変なのに、女がすぐハラスメントと騒ぐのって逆差別では？／管理職の女性を30％にするって、女性だけを優遇する逆差別じゃない？／東大が女子学生だけに家賃補助をするのって逆差別じゃない？／女性専用車両って男性への差別じゃない？／女性はバリキャリか専業主婦か選べるのに、男性は働くしか選択肢がないのっておかしくない？　ほか

第五章　性暴力についてもっと考えたい！

性欲って本能でしょ、そのせいで男性が女性を襲うのも仕方ないよね？／性暴力って被害にあう側にも落ち度があるんじゃない？／性暴力の被害者って女性だけだよね？／性行為しておいて後から「あれはレイプだった」っておかしくない？　ほか

〈価格は本体価格です〉